U0152771

中华经典诵读工程配套读本

周易诵读本

插图版

中华书局经典教育研究中心　编

中華書局

图书在版编目(CIP)数据

周易诵读本:插图版/中华书局经典教育研究中心编. —北京:中华书局,2019.10
ISBN 978-7-101-13979-2

Ⅰ.周… Ⅱ.中… Ⅲ.《周易》-通俗读物 Ⅳ.B221-49

中国版本图书馆 CIP 数据核字(2019)第 149493 号

书　　名	周易诵读本(插图版)
编　　者	中华书局经典教育研究中心
策划编辑	司丽丽
责任编辑	刘浜江
出版发行	中华书局 (北京市丰台区太平桥西里 38 号　100073) http://www.zhbc.com.cn E-mail:zhbc@ zhbc.com.cn
印　　刷	北京市白帆印务有限公司
版　　次	2019 年 10 月北京第 1 版 2019 年 10 月北京第 1 次印刷
规　　格	开本/787×1092 毫米　1/16 印张 16½　插页 2　字数 170 千字
印　　数	1-10000 册
国际书号	ISBN 978-7-101-13979-2
定　　价	35.00 元

出版说明

雅言传承文明，经典浸润人生。

2018年9月，教育部、国家语委印发了《中华经典诵读工程实施方案》。为满足广大学生、家长及教师诵读中华经典的需求，我们策划出版了“中华经典诵读工程配套读本”插图版系列图书。

本系列图书具有以下几个特点：

1. 内容丰富，版本权威

本系列图书涵盖了蒙学读物、儒家经典、历史名著、诸子经典、诗文名篇等，内容丰富。同时，为保证内容准确，我们采用权威通行本为版本依据。

《周易诵读本》（插图版）以周振甫《周易译注》（中华书局，1991年）为版本依据。

2. 注音规范，注释精准

为了保证注音和注释的规范、准确、实用，我们确定了以下六条基本原则：

1）依据版本，确定文字；依据文字字义，确定读音。

2）依据《现代汉语词典》（第7版）对文字读音进行标注，《现代汉语词典》中未收的，参照《辞源》（第3版）、《辞海》（第6版）等进行标注。

3）在语音流变中发生变调的，一律予以变调。

4）对于通假字、古今字、异体字等，在文字下方统一添加“▲”予以标注，并加以注释。同一页中重出的通假字、古今字、异体字等，只作标注，不再出注。

5）格律诗中字词的现代读音与诗歌本身的平仄、押韵不一致的，一律标注现代读音，不作临时改读。

6）对于难字、难词、难句的注释，力求精炼、准确、易懂。

3. 图文并茂，版式活泼

配以必要的图片，图片与文字力求密切关联，二者的结合不仅丰富了阅读形式，还能帮助读者更加深刻地理解文意。精彩的插图、活泼灵动的版式设计，让读者在愉悦的审美中，品味经典的魅力。

由于时间仓促、水平有限，错误之处在所难免，恳请广大读者批评指正。

中华书局编辑部

2018年12月

目录

contents

易经上

易经下

yì jīng shàng qián guà dì yī

易经上·乾卦第一

qián xià qián shàng

䷀（乾下乾上）

qián yuán hēng lì zhēn

乾①：元亨利贞②。

chū jiǔ qián lóng wù yòng

初九③：潜龙勿用④。

jiǔ èr xiàn lóng zài tián lì jiàn dà rén

九二：见龙在田⑤，利见大人⑥。

jiǔ sān jūn zǐ zhōng rì qián qián xī tì ruò

九三：君子终日乾乾⑦，夕惕若⑧，

lì wú jiù

厉无咎⑨。

注释

① 乾：卦名，象征天。

② 元亨利贞：元始、亨通、有利、守正。

③ 初九：《周易》每卦由六爻组成，自下而上名称为初、二、三、四、五、上；《周易》占卜用“九”和“六”，“九”表示阳，“六”表示阴。本爻位居乾卦下第一位，为阳，故称“初九”。

④ 潜：潜伏。勿用：不施展才能。

⑤ 见：即“现”，出现。

⑥ 大人：品德高尚的人。

⑦ 乾乾：强健振作。

⑧ 惕：警惕。若：语助词，无义。

⑨ 厉：危险。咎：过失。

jiǔ sì huò yuè zài yuān wú jiù
九四：或跃在渊①，无咎。

jiǔ wǔ fēi lóng zài tiān lì jiàn dà rén
九五：飞龙在天，利见大人。

shàng jiǔ kàng lóng yǒu huǐ
上九：亢龙有悔②。

yòng jiǔ xiàn qún lóng wú shǒu jí
用九：见群龙无首③，吉。

tuàn yuē dà zāi qián yuán wàn wù zī shǐ
《彖》曰④：大哉乾元⑤，万物资始⑥，
nǎi tǒng tiān yún xíng yǔ shī pǐn wù liú xíng dà
乃统天⑦。云行雨施⑧，品物流形⑨。大
míng zhōng shǐ liù wèi shí chéng shí chéng liù lóng yǐ yù
明终始⑩，六位时成⑪，时乘六龙以御
tiān qián dào biàn huà gè zhèng xìng mìng bǎo hé tài
天⑫。乾道变化⑬，各正性命⑭。保合大

注释

① 或：或者。跃：腾跃。渊：深渊。
② 亢：极高。
③ 见：即“现”，出现。首：首领。
④《彖》：彖辞，统论一卦之义的卦辞。
⑤ 乾元：阳气。
⑥ 资：依靠。
⑦ 统：统领。天：自然。
⑧ 云行雨施：云朵在天空运行，地上就下雨。
⑨ 品物：万物。流行：运动成形。
⑩ 大明：太阳。终始：往返运行。
⑪ 六位：乾卦的六爻。时：按时，时位。
⑫ 六龙：象征乾卦的六爻。御：控制。
⑬ 乾道：自然之道。
⑭ 正：安定。性命：本性，精神。

和①，乃利贞②。首出庶物③，万国咸宁。

《象》曰④：天行健⑤，君子以自强不息⑥。“潜龙勿用”，阳在下也⑦。“见龙在田”⑧，德施普也⑨。“终日乾乾”，反复道也⑩。“或跃在渊”，进无咎也。“飞龙在天”，大人造也⑪。“亢龙有悔”，盈不可久也。用九，天德不可为首也⑫。

注释

① 保合：保全。大和：元气。大，即“太”。
② 乃利贞：利于守正。
③ 首出庶物：开始萌发万物。
④《象》：解释卦象、爻象象征意义的文辞。
⑤ 天行健：天的运行刚健有力。
⑥ 自强不息：自我奋发图强，永不停止。
⑦ 阳在下也：阳气初生居于下位。
⑧ 见：即“现”，出现。
⑨ 德施普：恩德普遍施与万物。
⑩ 反复：重复实践。道：合理的行为。
⑪ 造：有所作为。
⑫ 天德：自然的美德。

wén yán yuē yuán zhě shàn zhī zhǎng yě hēng
《文言》曰[1]：元者善之长也[2]，亨
zhě jiā zhī huì yě lì zhě yì zhī hé yě zhēn zhě shì
者嘉之会也[3]，利者义之和也[4]，贞者事
zhī gàn yě jūn zǐ tǐ rén zú yǐ zhǎng rén jiā huì zú
之干也[5]。君子体仁足以长人[6]，嘉会足
yǐ hé lǐ lì wù zú yǐ hé yì zhēn gù zú yǐ gàn
以合礼[7]，利物足以和义[8]，贞固足以干
shì jūn zǐ xíng cǐ sì dé zhě gù yuē qián yuán
事[9]。君子行此四德者，故曰：“乾：元
hēng lì zhēn
亨利贞。”

chū jiǔ yuē qián lóng wù yòng hé wèi yě zǐ
初九曰“潜龙勿用”，何谓也？子
yuē lóng dé ér yǐn zhě yě bú yì shì bù chéng
曰[10]：“龙，德而隐者也[11]。不易世，不成

注释

①《文言》：文饰《乾》《坤》两卦的言辞。
② 元者善之长也：元始是众善之首。
③ 亨者嘉之会也：亨通是嘉美的荟萃。
④ 利者义之和也：有利是事物的和谐。
⑤ 贞者事之干也：正直是事物的根本。
⑥ 君子体仁足以长人：君子把仁作为行为准则就足以成为人的首领。
⑦ 嘉会足以合礼：嘉美荟萃就足以符合礼的要求。
⑧ 利物足以和义：对他人有利就足以使万物和谐。
⑨ 贞固足以干事：正直坚固就足以办好事情。
⑩ 子：孔子。
⑪ 龙，德而隐者也：龙，是有品德而隐居的人。

míng dùn shì wú mèn bú jiàn shì ér wú mèn lè zé
名[1]；遁世无闷，不见是而无闷[2]。乐则
xíng zhī yōu zé wéi zhī què hū qí bù kě bá qián
行之，忧则违之[3]，确乎其不可拔[4]，潜
lóng yě
龙也。”

jiǔ èr yuē xiàn lóng zài tián lì jiàn dà rén
九二曰“见龙在田，利见大人”[5]，
hé wèi yě zǐ yuē lóng dé ér zhèng zhōng zhě yě
何谓也？子曰：“龙，德而正中者也[6]。
yōng yán zhī xìn yōng xíng zhī jǐn xián xié cún qí chéng
庸言之信，庸行之谨[7]，闲邪存其诚[8]，
shàn shì ér bù fá dé bó ér huà yì yuē
善世而不伐[9]，德博而化[10]。《易》曰：
xiàn lóng zài tián lì jiàn dà rén jūn dé yě
‘见龙在田，利见大人’，君德也。”

注释

① 不易世，不成名：他不被世俗所改变，也不被成就功名所迷惑。

② 遁世无闷，不见是而无闷：逃避世俗不感到苦闷，无人称赞也不感到苦闷。

③ 乐则行之，忧则违之：自己感到快乐的事情就实行，自己感到忧虑的事情就不实行。

④ 确乎其不可拔：具有坚定不可动摇的意志。确，坚定。拔，转移，动摇。

⑤ 见：即“现”，出现。

⑥ 龙，德而正中者也：龙，是有品德而立身中正的人。

⑦ 庸言之信，庸行之谨：平时的言行守信，平时的行为谨慎。庸，平时，平常。

⑧ 闲邪存其诚：防止邪恶的言行，保存真诚的心灵。闲，防止。

⑨ 善世：使世俗变好。伐：夸耀。

⑩ 德博而化：品德广博而能感化人。

jiǔ sān yuē jūn zǐ zhōng rì qián qián xī tì ruò
九三曰“君子终日乾乾，夕惕若，
lì wú jiù hé wèi yě zǐ yuē jūn zǐ jìn dé
厉无咎”，何谓也？子曰：“君子进德
xiū yè zhōng xìn suǒ yǐ jìn dé yě xiū cí lì qí
修业[1]。忠信[2]，所以进德也。修辞立其
chéng suǒ yǐ jū yè yě zhī zhì zhì zhī kě yǔ
诚[3]，所以居业也[4]。知至至之[5]，可与
yán jī yě zhī zhōng zhōng zhī kě yǔ cún yì yě
言几也[6]。知终终之[7]，可与存义也[8]。
shì gù jū shàng wèi ér bù jiāo zài xià wèi ér bù yōu gù
是故居上位而不骄，在下位而不忧。故
qián qián yīn qí shí ér tì suī wēi wú jiù yǐ
乾乾因其时而惕[9]，虽危无咎矣。”

jiǔ sì yuē huò yuè zài yuān wú jiù hé wèi
九四曰“或跃在渊，无咎”，何谓
yě zǐ yuē shàng xià wú cháng fēi wéi xié yě jìn
也？子曰：“上下无常，非为邪也[10]。进

注释

① 君子进德修业：君子要增进道德，修建功业。
② 忠信：忠实守信。
③ 修辞立其诚：修饰言辞是为了建立自己的诚信。
④ 居业：保有功业。
⑤ 知至至之：知道要达到的目标就努力实现。
⑥ 可与言几也：可以与他商量几微要务。几，几微。
⑦ 知终终之：知道该终止的时候就终止。
⑧ 可与存义也：可以与他一起保存适宜的机会。存，保留。义，适宜。
⑨ 乾乾：强健振作。因其时：顺应时机的变化。惕：警惕。
⑩ 上下无常，非为邪也：上升和下降没有恒常的规律，并不是出于邪念。

退无恒，非离群也[1]。君子进德修业，欲及时也[2]，故无咎。”

九五曰“飞龙在天，利见大人”，何谓也？子曰：“同声相应，同气相求[3]。水流湿，火就燥[4]，云从龙，风从虎[5]，圣人作而万物睹[6]。本乎天者亲上，本乎地者亲下[7]，则各从其类也。”

上九曰“亢龙有悔”，何谓也？子曰：“贵而无位，高而无民[8]，贤人在下

注释

① 进退无恒，非离群也：进取和隐退没有恒定，并不是脱离群众。

② 欲及时也：是想抓紧时机建功立业。

③ 同声相应，同气相求：声音相同的互相呼应，气息相同的互相求合。

④ 水流湿，火就燥：水流向潮湿的地方，火烧向干燥的地方。

⑤ 云从龙，风从虎：云跟从着龙，风跟从着虎。

⑥ 圣人作而万物睹：圣人振起而万物可见。作，起。

⑦ 本乎天者亲上，本乎地者亲下：根本在天上的亲近上天，根本在地下的亲近土地。“本乎天者”指动物，“本乎地者”指植物。

⑧ 贵而无位，高而无民：尊贵却没有权位，高高在上却没有人民。

wèi ér wú fǔ shì yǐ dòng ér yǒu huǐ yě
位而无辅[1]，是以动而有悔也[2]。”

qián lóng wù yòng xià yě xiàn lóng zài
“潜龙勿用”，下也[3]。“见龙在

tián shí shū yě zhōng rì qián qián xíng shì
田”，时舍也[4]。“终日乾乾”，行事

yě huò yuè zài yuān zì shì yě fēi lóng zài
也[5]。“或跃在渊”，自试也[6]。“飞龙在

tiān shàng zhì yě kàng lóng yǒu huǐ qióng zhī zāi
天”，上治也[7]。“亢龙有悔”，穷之灾

yě qián yuán yòng jiǔ tiān xià zhì yě
也[8]。乾元用九，天下治也。

qián lóng wù yòng yáng qì qián cáng xiàn lóng zài
“潜龙勿用”，阳气潜藏[9]。“见龙在

tián tiān xià wén míng zhōng rì qián qián yǔ shí
田”，天下文明[10]。“终日乾乾”，与时

xié xíng huò yuè zài yuān qián dào nǎi gé fēi lóng
偕行。“或跃在渊”，乾道乃革[11]。“飞龙

注释

① 贤人在下位而无辅：贤能的人处于下等的地位，无人辅佐。
② 是以动而有悔也：因此轻举妄动就会有所后悔。
③ 下也：地位低下。
④ 见：即“现”，出现。时：时局。舍：即“舒”，舒通，舒展。
⑤ 行事也：从事事业。
⑥ 自试也：自我检验测试。
⑦ 上治也：圣人在上位治理天下。
⑧ 穷之灾也：穷极的灾害。
⑨ 阳气潜藏：阳气潜伏，隐藏不露。
⑩ 文明：文采鲜明灿烂。
⑪ 乾道：天道。革：变革。

zài tiān nǎi wèi hū tiān dé kàng lóng yǒu huǐ yǔ
在天”，乃位乎天德①。“亢龙有悔”，与
shí xié jí qián yuán yòng jiǔ nǎi xiàn tiān zé
时偕极②。乾元用九，乃见天则③。

qián yuán zhě shǐ ér hēng zhě yě lì zhēn zhě
乾元者，始而亨者也④。利贞者，
xìng qíng yě qián shǐ néng yǐ měi lì lì tiān xià bù
性情也⑤。乾始能以美利利天下⑥，不
yán suǒ lì dà yǐ zāi dà zāi qián hū gāng jiàn
言所利，大矣哉⑦！大哉乾乎！刚健
zhōng zhèng chún cuì jīng yě liù yáo fā huī páng tōng qíng
中正，纯粹精也⑧。六爻发挥，旁通情
yě shí chéng liù lóng yǐ yù tiān yě yún xíng yǔ
也⑨。时乘六龙，以御天也⑩。云行雨
shī tiān xià píng yě jūn zǐ yǐ chéng dé wéi xíng rì kě
施，天下平也。君子以成德为行，日可

注释

① 乃位乎天德：位居天位，具有天的品德。
② 与时偕极：和时间一起达到穷极的地位。
③ 乃见天则：体现自然的法则。见，即“现”，出现。
④ 乾元者，始而亨者也：阳气是万物的开始并使之亨通。
⑤ 利贞者，性情也：和谐守正是天的本性和情感。
⑥ 乾始能以美利利天下：天能以和美利他的特性使天下有利。
⑦ 不言所利，大矣哉：却不说所给予的利益，真伟大呀！
⑧ 纯粹精也：不杂不变，全部都是阳气。
⑨ 六爻发挥，旁通情也：乾卦六爻的运动变化，可以广泛会通事物的情理。发挥，运动变化。旁通，广泛会通。
⑩ 时乘六龙，以御天也：顺应时节驾乘六龙，用以驾驭自然的变化。

jiàn zhī xíng yě
见之行也①。潜之为言也，隐而未见②，

xíng ér wèi chéng　　shì yǐ jūn zǐ fú yòng yě
行而未成，是以君子弗用也。

jūn zǐ xué yǐ jù zhī　　wèn yǐ biàn zhī　　kuān yǐ
君子学以聚之③，问以辩之④，宽以

jū zhī　　rén yǐ xíng zhī　　　yì　　yuē　　xiàn lóng zài
居之⑤，仁以行之⑥。《易》曰："见龙在

tián　　lì jiàn dà rén　　jūn dé yě
田，利见大人"，君德也。

jiǔ sān chóng gāng ér bù zhōng　　shàng bú zài tiān　　xià
九三重刚而不中⑦，上不在天，下

bú zài tián　　gù qián qián yīn qí shí ér tì　　suī wēi wú
不在田，故乾乾因其时而惕，虽危无

jiù yǐ
咎矣。

jiǔ sì chóng gāng ér bù zhōng　　shàng bú zài tiān　　xià
九四重刚而不中，上不在天，下

bú zài tián　　zhōng bú zài rén　　gù huò zhī　　huò zhī zhě
不在田，中不在人，故或之。或之者，

注释

① 君子以成德为行，日可见之行也：君子以完善品德作为行为的准则，并且是每日都可以见到的行为。

② 见：即"现"，出现。

③ 君子学以聚之：君子好学以积聚知识。

④ 问以辩之：好问以辨别是非。辩，即"辨"，辨别。

⑤ 宽以居之：以宽厚待人的态度来处世。

⑥ 仁以行之：以仁慈作为行为准则。

⑦ 重刚而不中：有多重阳刚却没有居于正中的位置。

yí zhī yě gù wú jiù
疑之也，故无咎。

fú dà rén zhě yǔ tiān dì hé qí dé yǔ rì
夫大人者，与天地合其德，与日

yuè hé qí míng yǔ sì shí hé qí xù yǔ guǐ shén hé
月合其明，与四时合其序，与鬼神合

qí jí xiōng xiān tiān ér tiān fú wéi hòu tiān ér fèng tiān
其吉凶，先天而天弗违，后天而奉天

shí tiān qiě fú wéi ér kuàng yú rén hū kuàng yú guǐ
时①。天且弗违，而况于人乎？况于鬼

shén hū
神乎？

kàng zhī wéi yán yě zhī jìn ér bù zhī tuì zhī cún
亢之为言也，知进而不知退，知存

ér bù zhī wáng zhī dé ér bù zhī sàng qí wéi shèng rén
而不知亡，知得而不知丧。其唯圣人

hū zhī jìn tuì cún wáng ér bù shī qí zhèng zhě qí wéi
乎②！知进退存亡而不失其正者③，其唯

shèng rén hū
圣人乎！

注释

① 先天而天弗违，后天而奉天时：先于天象行动而天不违背，后于天象行动而能遵守自然规律。

② 其唯圣人乎：大概只有明智的圣人吧。

③ 知进退存亡而不失其正者：知道前进、后退、生存、灭亡，却不失去中正的行为。

yì jīng shàng kūn guà dì èr

易经上·坤卦第二

kūn xià kūn shàng

䷁（坤下坤上）

kūn yuán hēng lì pìn mǎ zhī zhēn jūn zǐ yǒu

坤①：元亨②。利牝马之贞③。君子有

yōu wǎng xiān mí hòu dé zhǔ lì xī nán dé péng

攸往④，先迷后得主，利⑤。西南得朋，

dōng běi sàng péng ān zhēn jí

东北丧朋⑥。安贞吉⑦。

tuàn yuē zhì zāi kūn yuán wàn wù zī shēng

《彖》曰：至哉坤元，万物资生，

nǎi shùn chéng tiān kūn hòu zài wù dé hé wú jiāng hán

乃顺承天⑧。坤厚载物，德合无疆⑨。含

注释

① 坤：卦名，象征地。

② 元亨：元始，亨通。

③ 利牝马之贞：利于像雌马一样保持中正。牝马，雌马。贞，正。

④ 君子有攸往：君子有所前往。攸，所。

⑤ 先迷后得主，利：抢先就会迷失道路，随人之后就会有人做主，这是有利的。先，抢先。后，随后。主，主人，做主。

⑥ 西南得朋，东北丧朋：西南，阴方，坤为阴，所以往西南得朋。东北，阳方，所以往东北丧朋。

⑦ 安贞吉：安顺守正可以获得吉祥。

⑧ 万物资生，乃顺承天：万物依靠大地生长，大地依顺天的意旨。资，凭借，依靠。

⑨ 坤厚载物，德合无疆：土地载育万物，德性广大无边。

hóng guāng dà, pǐn wù xián hēng. pìn mǎ dì lèi, xíng
弘光大，品物咸亨[1]。牝马地类，行

dì wú jiāng, róu shùn lì zhēn. jūn zǐ yōu xíng, xiān mí
地无疆，柔顺利贞[2]。君子攸行，先迷

shī dào, hòu shùn dé cháng. xī nán dé péng, nǎi yǔ lèi
失道，后顺得常[3]。西南得朋，乃与类

xíng. dōng běi sàng péng, nǎi zhōng yǒu qìng. ān zhēn zhī
行[4]。东北丧朋，乃终有庆[5]。安贞之

jí, yìng dì wú jiāng.
吉，应地无疆[6]。

xiàng yuē: dì shì kūn, jūn zǐ yǐ hòu dé zài wù.
《象》曰：地势坤[7]，君子以厚德载物[8]。

chū liù: lǚ shuāng, jiān bīng zhì.
初六[9]：履霜，坚冰至[10]。

注释

① 含弘光大，品物咸亨：地能包容宏大的事物并使之发扬光大，万物都能亨通。含，包容。弘，宏大的事物。品物，万物。

② “牝马地类”句：雌马和地一样同属阴性，行走在无边的大地上，柔和温顺利于守正。

③ “君子攸行”句：君子有所行动，抢先就会迷失方向、偏离正道，随人之后、顺从柔和就会得到长久。

④ 西南得朋，乃与类行：朝西南阴方将得到友朋，可以和同类同行。

⑤ 东北丧朋，乃终有庆：朝东北阳方将丧失友朋，但最终将获得喜庆。

⑥ 安贞之吉，应地无疆：安顺守正的吉祥，与大地广大无边的品性正相适应。

⑦ 地势坤：地的形势是厚实和顺的。

⑧ 君子以厚德载物：君子应该增厚道德修养，包容万物。

⑨ 初六：初，卦下第一位。六，指阴爻。坤卦的初爻为阴。

⑩ 履霜，坚冰至：脚踩薄霜，就知道严寒将至。履，踩。坚冰，坚硬厚实的冰，象征严寒。

xiàng yuē lǚ shuāng jiān bīng yīn shǐ níng yě xùn

《象》曰："履霜坚冰"，阴始凝也[1]。驯

zhì qí dào zhì jiān bīng yě

致其道[2]，至坚冰也。

liù èr zhí fāng dà bù xí wú bú lì

六二：直、方、大[3]，不习无不利[4]。

xiàng yuē liù èr zhī dòng zhí yǐ fāng yě

《象》曰：六二之动，直以方也[5]。

bù xí wú bú lì dì dào guāng yě

"不习无不利"，地道光也[6]。

liù sān hán zhāng kě zhēn huò cóng wáng shì wú

六三：含章可贞[7]，或从王事，无

chéng yǒu zhōng

成有终[8]。

xiàng yuē hán zhāng kě zhēn yǐ shí fā

《象》曰："含章可贞"，以时发

yě huò cóng wáng shì zhì guāng dà yě

也[9]。"或从王事"，知光大也[10]。

注释

① 阴始凝也：阴气开始凝聚。

② 驯致：顺沿。道：自然发展的规律。

③ 直、方、大：指大地端直、方正、广大的特性。

④ 不习无不利：往不习惯的地方也不会有不利的因素。

⑤ 六二之动，直以方也：六二的变动，趋向端直和方正。

⑥ 地道光也：大地的柔顺可以使万物发育光大。地道，大地的柔顺的特性。

⑦ 含章可贞：大地包含文采，可以守正。

⑧ 或从王事，无成有终：或跟从君王从事大事，即使没有成就，也能善终。

⑨ 以时发也：大地根据时节来发扬文采。以，根据。时，时节。

⑩ 知光大也：智慧光明宏大。知，即"智"，智慧。

liù sì kuò náng wú jiù wú yù
六四：括囊，无咎无誉[①]。

xiàng yuē kuò náng wú jiù shèn bú hài yě
《象》曰："括囊无咎"，慎不害也[②]。

liù wǔ huáng cháng yuán jí
六五：黄裳，元吉[③]。

xiàng yuē huáng cháng yuán jí wén zài zhōng yě
《象》曰："黄裳元吉"，文在中也[④]。

shàng liù lóng zhàn yú yě qí xuè xuán huáng
上六：龙战于野[⑤]，其血玄黄[⑥]。

xiàng yuē lóng zhàn yú yě qí dào qióng yě
《象》曰："龙战于野"，其道穷也[⑦]。

yòng liù lì yǒng zhēn
用六：利永贞[⑧]。

xiàng yuē yòng liù yǒng zhēn yǐ dà zhōng yě
《象》曰：用六"永贞"，以大终也[⑨]。

注释

① 括囊，无咎无誉：缄口不言，既无过错也无荣誉。括囊，扎紧口袋，喻缄口不言。
② 慎不害也：谨慎小心就不会有灾害。
③ 黄裳：指虽为正色却甘为下体。黄，正色。裳，下衣。元吉：大吉。
④ 文在中也：文采在内不外露，喻谦和。
⑤ 龙战于野：指阴阳二气在原野上交合。龙，阳气。战，交合。
⑥ 其血玄黄：流出的血青黄交杂。玄，天的深青色。
⑦ 其道穷也：上六的阴性已经到了穷尽的地步。其，代指上六这一爻。道，指阴性。
⑧ 利永贞：有利于永远守正。
⑨ 以大终也：以阳为归宿。大，阳大阴小，这里的"大"即指阳。终，归宿。

wén yán yuē kūn zhì róu ér dòng yě gāng zhì
《文言》曰：坤至柔而动也刚①，至

jìng ér dé fāng hòu dé zhǔ ér yǒu cháng hán wàn wù ér
静而德方②，后得主而有常③，含万物而

huà guǎng kūn dào qí shùn hū chéng tiān ér shí xíng jī
化光④。坤道其顺乎！承天而时行⑤。积

shàn zhī jiā bì yǒu yú qìng jī bú shàn zhī jiā bì yǒu
善之家，必有余庆。积不善之家，必有

yú yāng chén shì qí jūn zǐ shì qí fù fēi yì zhāo yì
余殃。臣弑其君，子弑其父，非一朝一

xī zhī gù qí suǒ yóu lái zhě jiàn yǐ yóu biàn zhī bù
夕之故，其所由来者渐矣⑥，由辩之不

zǎo biàn yě yì yuē lǚ shuāng jiān bīng zhì
早辩也⑦。《易》曰："履霜，坚冰至。"

gài yán shùn yě
盖言顺也⑧。

zhí qí zhèng yě fāng qí yì yě jūn zǐ
直，其正也；方，其义也。君子

注释

① 坤至柔而动也刚：大地最为柔顺但行动起来也极为刚强。

② 至静而德方：大地最为安静但柔顺的品性传播四方。德，这里指柔顺的品性。

③ 后得主而有常：随从人后，得到别人做主，能保持恒常。

④ 含万物而化光：包含万物，化育广大。光，即"广"。

⑤ 承天而时行：秉承天的意旨，依照时节行动。

⑥ 其所由来者渐矣：它所产生的原因是逐渐萌发的。

⑦ 由辩之不早辩也：辨别的时候没有早日觉察防范。辩，即"辨"，辨别，觉察。

⑧ 盖言顺也：大概说的是事物发展的必然趋势。顺，必然趋势。

jìng yǐ zhí nèi yì yǐ fāng wài jìng yì lì ér dé bù
敬以直内，义以方外[①]，敬义立而德不
gū zhí fāng dà bù xí wú bú lì zé
孤[②]。“直、方、大，不习无不利”，则
bù yí qí suǒ xíng yě
不疑其所行也。

yīn suī yǒu měi hán zhī yǐ cóng wáng shì fú gǎn
阴虽有美，含之以从王事[③]，弗敢
chéng yě dì dào yě qī dào yě chén dào yě dì
成也[④]。地道也，妻道也，臣道也[⑤]。地
dào wú chéng ér dài yǒu zhōng yě
道无成而代有终也[⑥]。

tiān dì biàn huà cǎo mù fán tiān dì bì xián
天地变化，草木蕃[⑦]。天地闭，贤
rén yǐn yì yuē kuò náng wú jiù wú yù
人隐[⑧]。《易》曰：“括囊，无咎无誉。”
gài yán jǐn yě
盖言谨也。

注释

① 君子敬以直内，义以方外：君子通过恭敬来使内在正直，行事适宜来使外在端方。
② 敬义立而德不孤：能够树立恭敬、适宜的品性，美德就不会孤立。
③ 阴虽有美，含之以从王事：阴虽然有美德，也要藏而不露地从事君王的事情。
④ 弗敢成也：不敢把成功归于自己。
⑤ 地道也，妻道也，臣道也：这就是大地的品性，做妻子的品性，做臣子的品性。
⑥ 地道无成而代有终也：地的品性是不把成功归于自己而是替天把事情做完了。
⑦ 蕃：繁茂。
⑧ 天地闭，贤人隐：天地闭合，贤人退隐。

jūn zǐ huáng zhōng tōng lǐ zhèng wèi jū tǐ měi
君子黄中通理①，正位居体②，美
zài qí zhōng ér chàng yú sì zhī fā yú shì yè měi
在其中，而畅于四支③，发于事业④，美
zhī zhì yě
之至也⑤！

yīn nǐ yú yáng bì zhàn wèi qí jiān yú wú yáng yě
阴疑于阳必战⑥，为其兼于无阳也，
gù chēng lóng yān yóu wèi lí qí lèi yě gù chēng xuè
故称龙焉⑦。犹未离其类也，故称血
yān fú xuán huáng zhě tiān dì zhī zá yě tiān xuán ér
焉⑧。夫玄黄者，天地之杂也，天玄而
dì huáng
地黄⑨。

注释

① 君子黄中通理：君子色正中和，通达文理。黄，地之正色。中，居于坤卦的中位。

② 正位居体：身体居于正位。

③ 美在其中，而畅于四支：美在内心，畅达于四肢。中，内心。支，即“肢”。

④ 发于事业：发挥于外成就事业。

⑤ 美之至也：美德到了极点。

⑥ 阴疑于阳必战：阴要比拟于阳必定交战。疑，即“拟”，比拟。

⑦ 为其兼于无阳也，故称龙焉：为了阴要兼并阳，因此称作龙。

⑧ 犹未离其类也，故称血焉：还没有偏离阴的类属，因此称作血。血，属阴。

⑨“夫玄黄者”句：青黄色，是天地混杂为一、阴阳不分的表示，天的颜色是深青色的而地的颜色是黄色的。

yì jīng shàng zhūn guà dì sān

易经上·屯卦第三

zhèn xià kǎn shàng

䷂（震下坎上）

zhūn yuán hēng lì zhēn wù yòng yǒu yōu wǎng lì jiàn hóu

屯①：元亨利贞。勿用有攸往，利建侯②。

tuàn yuē zhūn gāng róu shǐ jiāo ér nán shēng dòng hū xiǎn zhōng dà hēng zhēn léi yǔ zhī dòng mǎn yíng tiān zào cǎo mèi yí jiàn hóu ér pī níng

《彖》曰：屯，刚柔始交而难生③，动乎险中，大亨贞④。雷雨之动满盈⑤，天造草昧⑥，宜建侯而不宁⑦。

xiàng yuē yún léi zhūn jūn zǐ yǐ jīng lún

《象》曰：云雷，屯⑧。君子以经纶⑨。

注释

① 屯：卦名，意为初生。

② 勿用有攸往，利建侯：不适宜有所前往，利于建立诸侯。

③ 刚柔始交而难生：阴阳开始交合而艰难随之产生。刚柔，指阳和阴。

④ 动乎险中，大亨贞：在危险之中变动，大为亨通且能得正。

⑤ 雷雨之动满盈：打雷下雨充盈天地之间。

⑥ 天造草昧：在草创之时、冥昧之际，天创造万物。草，草创。昧，冥昧。

⑦ 宜建侯而不宁：适宜建立诸侯而获得大安。不，即“丕”，大。

⑧ 云雷，屯：云和雷就是屯卦。

⑨ 君子以经纶：君子因此治理天下大事。经纶，治理。

chū jiǔ pán huán lì jū zhēn lì jiàn hóu
初九：磐桓[①]，利居贞[②]，利建侯。

xiàng yuē suī pán huán zhì xíng zhèng yě
《象》曰：虽“磐桓”，志行正也。

yǐ guì xià jiàn dà dé mín yě
以贵下贱，大得民也[③]。

liù èr zhūn rú zhān rú chéng mǎ pán rú fěi
六二：屯如邅如[④]，乘马班如[⑤]。匪

kòu hūn gòu nǚ zǐ zhēn bú zì shí nián nǎi zì
寇，婚媾[⑥]。女子贞不字，十年乃字[⑦]。

xiàng yuē liù èr zhī nán chéng gāng yě
《象》曰：六二之难，乘刚也[⑧]。

shí nián nǎi zì fǎn cháng yě
“十年乃字”，反常也。

liù sān jí lù wú yú wéi rù yú lín zhōng
六三：即鹿无虞，惟入于林中[⑨]。

注释

① 磐桓：徘徊，逗留。
② 利居贞：利于静居守正。
③ 以贵下贱，大得民也：身份尊贵却居于下位，深得民心。
④ 屯如邅如：许多人聚集在一起却徘徊不进。屯，聚集。如，语气词。邅，徘徊不进。
⑤ 乘马班如：乘坐在马上，欲进不进，来回盘旋。班，即“盘”，盘旋。
⑥ 匪寇，婚媾：不是强盗，是来求婚的。这反映了古代的抢婚习俗。
⑦ 女子贞不字，十年乃字：女子婚后守贞操不怀孕，十年以后才怀孕。这反映了古代的童婚习俗。字，怀孕。
⑧ 乘刚：阴乘于阳刚之上。
⑨ 即鹿无虞，惟入于林中：追逐野鹿却没有虞人引导，独自进入山林之中。即，追逐。虞，虞人，管理山泽野兽的人。惟，独自。

jūn zǐ jī bù rú shě wǎng lìn
君子几不如舍，往吝①。

xiàng yuē jí lù wú yú yǐ cóng qín
《象》曰：“即鹿无虞”，以从禽

yě jūn zǐ shě zhī wǎng lìn qióng yě
也②。君子舍之，“往吝”穷也。

liù sì chéng mǎ pán rú qiú hūn gòu wǎng
六四：乘马班如③，求婚媾，往

jí wú bú lì
吉，无不利。

xiàng yuē qiú ér wǎng míng yě
《象》曰：求而往，明也④。

jiǔ wǔ zhūn qí gāo xiǎo zhēn jí dà zhēn xiōng
九五：屯其膏⑤，小贞吉，大贞凶。

xiàng yuē zhūn qí gāo shī wèi guǎng yě
《象》曰：“屯其膏”，施未光也⑥。

shàng liù chéng mǎ pán rú qì xuè lián rú
上六：乘马班如，泣血涟如⑦。

xiàng yuē qì xuè lián rú hé kě cháng yě
《象》曰：“泣血涟如”，何可长也？

注释

① 君子几不如舍，往吝：君子见机行事，不如舍弃，一定要前往，必有遗憾。
② 从禽：追逐野兽。从，追逐，追捕。
③ 班：即“盘”，盘旋。
④ 求而往，明也：为了求婚而前往是明智的。
⑤ 屯其膏：积聚恩泽不施及人民。屯，聚集。膏，恩泽。
⑥ 施未光也：所施恩惠不广大。光，即“广”，广大。
⑦ 涟如：泪流不止的样子。

yì jīng shàng méng guà dì sì

易经上·蒙卦第四

kǎn xià gèn shàng

䷃（坎下艮上）

méng hēng fěi wǒ qiú tóng méng tóng méng qiú wǒ

蒙①：亨②。匪我求童蒙，童蒙求我③。

chū shì gào zài sān dú dú zé bú gào lì zhēn

初筮告，再三渎，渎则不告④。利贞⑤。

tuàn yuē méng shān xià yǒu xiǎn xiǎn ér zhǐ

《彖》曰：蒙，山下有险，险而止，

méng méng hēng yǐ hēng xíng shí zhōng yě fěi

蒙⑥。“蒙：亨”，以亨行时中也⑦。“匪

wǒ qiú tóng méng tóng méng qiú wǒ zhì yìng yě chū

我求童蒙，童蒙求我”，志应也⑧。“初

shì gào yǐ gāng zhōng yě zài sān dú dú zé bú

筮告”，以刚中也⑨。“再三渎，渎则不

注释

① 蒙：卦名，意为蒙昧，不明事理。

② 亨：亨通，通达。蒙昧的人通过教育可以通达。

③ 匪我求童蒙，童蒙求我：启蒙教育不是老师有求于学生，而是学生有求于老师。我，指老师。童蒙，幼稚蒙昧之人，指学生。

④ “初筮告”句：初次请教则告诉他，再三提问就有轻慢之意，轻慢就不告诉他。筮，原指用蓍草占卜，此处指学生向老师问疑。渎，渎犯，轻慢。

⑤ 利贞：利于守正。

⑥ 山下有险，险而止，蒙：山下有险阻，遇险阻而止步，就是蒙卦。

⑦ 以亨行时中也：因为亨通，所以行动及时，保持中正。

⑧ 志应也：志趣相应。

⑨ 以刚中也：因为内心刚正。

告”，渎蒙也[①]。蒙以养正，圣功也[②]。

《象》曰：山下出泉，蒙[③]。君子以果行育德[④]。

初六：发蒙，利用刑人[⑤]，用说桎梏[⑥]，以往吝。

《象》曰：“利用刑人”，以正法也。

九二：包蒙，吉[⑦]。纳妇，吉[⑧]。子克家[⑨]。

《象》曰：“子克家”，刚柔接也[⑩]。

注释

① 渎蒙也：渎犯了启蒙教育的规律。
② 蒙以养正，圣功也：启蒙教育应该培养正直的品德，这是成就圣人的功德。
③ 山下出泉，蒙：山下流出泉水，就是蒙。
④ 君子以果行育德：君子以果敢的行为来培育品德。
⑤ 发蒙，利用刑人：启蒙教育要利用典型。刑，即“型”，典型。
⑥ 用说桎梏：使免受牢狱之苦。说，即“脱”。桎梏，木制刑具。
⑦ 包蒙，吉：包容蒙昧的人，吉祥。
⑧ 纳妇，吉：娶妻，吉祥。
⑨ 子克家：子弟能够担当家事。克家，能够担当家事。
⑩ 子克家，刚柔接也：子弟能够担当家事，是由于刚柔相接、阴阳相感。

liù sān wù yòng qǔ nǚ jiàn jīn fū bù yǒu gōng wú yōu lì

六三：勿用取女[1]，见金夫[2]，不有躬[3]，无攸利。

xiàng yuē wù yòng qǔ nǚ xíng bú shùn yě

《象》曰：“勿用取女”，行不顺也。

liù sì kùn méng lìn

六四：困蒙，吝[4]。

xiàng yuē kùn méng zhī lìn dú yuǎn shí yě

《象》曰：“困蒙”之吝，独远实也[5]。

liù wǔ tóng méng jí

六五：童蒙，吉[6]。

xiàng yuē tóng méng zhī jí shùn yǐ xùn yě

《象》曰：“童蒙”之吉，顺以巽也[7]。

shàng jiǔ jī méng bú lì wéi kòu lì yù kòu

上九：击蒙[8]，不利为寇，利御寇[9]。

xiàng yuē lì yòng yù kòu shàng xià shùn yě

《象》曰：利用“御寇”，上下顺也[10]。

注释

① 勿用取女：不要娶这女子。取，即“娶”。
② 金夫：美貌的男子。
③ 不有躬：不顾自身体面。躬，自身。
④ 困蒙，吝：受困于蒙昧，遗憾。
⑤ 独远实也：独自远离刚健贤能的老师。实，刚健，喻贤能的老师。
⑥ 童蒙，吉：儿童受到启蒙教育，吉祥。
⑦ 顺以巽也：柔顺又屈服。巽，本义指风，这里表示屈服。
⑧ 击蒙：以猛击治理蒙昧，喻严厉管教蒙昧的儿童。
⑨ 不利为寇，利御寇：（严厉管教蒙昧的儿童）过分的严厉是不利的，适当的严厉是有利的。为寇，做强盗，喻过甚的严厉。御寇，防御强盗，喻适当的严厉。
⑩ 上下顺也：上下相和顺。

yì jīng shàng xū guà dì wǔ

易经上·需卦第五

qián xià kǎn shàng

䷄（乾下坎上）

xū yǒu fú guāng hēng zhēn jí lì shè dà chuān

需[1]：有孚，光亨，贞吉[2]。利涉大川[3]。

tuàn yuē xū xū yě xiǎn zài qián yě

《彖》曰：需，须也[4]。险在前也，

gāng jiàn ér bú xiàn qí yì bú kùn qióng yǐ xū yǒu

刚健而不陷，其义不困穷矣[5]。“需：有

fú guāng hēng zhēn jí wèi hū tiān wèi yǐ zhèng

孚，光亨，贞吉”，位乎天位，以正

zhōng yě lì shè dà chuān wǎng yǒu gōng yě

中也[6]。“利涉大川”，往有功也[7]。

xiàng yuē yún shàng yú tiān xū jūn zǐ yǐ

《象》曰：云上于天，需[8]。君子以

yǐn shí yàn lè

饮食宴乐[9]。

注释

① 需：卦名，意为等待。
② 有孚，光亨，贞吉：有诚信，光明亨通，守正吉祥。孚，诚信。
③ 利涉大川：利于过河。
④ 须也：等待。
⑤ “险在前也”句：艰难险阻在前方，刚健就不会陷入，这样就不会困厄途穷。
⑥ 位乎天位，以正中也：位于天的位置，而且处于正中。
⑦ 往有功也：前往一定有功。
⑧ 云上于天，需：云在天上，就是需卦。
⑨ 君子以饮食宴乐：君子以饮食宴乐来等待时机。

chū jiǔ xū yú jiāo lì yòng héng wú jiù

初九：需于郊，利用恒，无咎[①]。

xiàng yuē xū yú jiāo bú fàn nán xíng yě lì yòng héng wú jiù wèi shī cháng yě

《象》曰："需于郊"，不犯难行也[②]。"利用恒，无咎"，未失常也[③]。

jiǔ èr xū yú shā xiǎo yǒu yán zhōng jí

九二：需于沙，小有言，终吉[④]。

xiàng yuē xū yú shā yǎn zài zhōng yě suī xiǎo yǒu yán yǐ zhōng jí yě

《象》曰："需于沙"，衍在中也[⑤]。虽"小有言"，以"终吉"也。

jiǔ sān xū yú ní zhì kòu zhì

九三：需于泥，致寇至[⑥]。

xiàng yuē xū yú ní zāi zài wài yě zì wǒ zhì kòu jìng shèn bú bài yě

《象》曰："需于泥"，灾在外也[⑦]。自我"致寇"，敬慎不败也[⑧]。

注释

① 需于郊，利用恒，无咎：在郊外等待，利在有恒，没有灾害。用，以。
② 不犯难行也：不冒险行动。犯难，冒险。
③ 未失常也：没有失去常规。
④ "需于沙"句：在沙滩等待，虽受小的言语中伤，最终也会获得吉祥。
⑤ 衍在中也：中心宽绰能容。衍，宽绰。
⑥ 需于泥，致寇至：在泥沙中等待，招致强盗到来。
⑦ "需于泥"，灾在外也：在泥沙中等待，灾害还在外面。
⑧ 自我"致寇"，敬慎不败也：自我招致强盗，只有恭敬谨慎才能不败。

liù sì xū yú xuè chū zì xué
六四：需于血，出自穴[1]。

xiàng yuē xū yú xuè shùn yǐ tīng yě
《象》曰："需于血"，顺以听也[2]。

jiǔ wǔ xū yú jiǔ shí zhēn jí
九五：需于酒食，贞吉[3]。

xiàng yuē jiǔ shí zhēn jí yǐ zhōng zhèng yě
《象》曰："酒食贞吉"，以中正也。

shàng liù rù yú xué yǒu bú sù zhī kè sān rén lái jìng zhī zhōng jí
上六：入于穴，有不速之客三人来[4]，敬之终吉[5]。

xiàng yuē bú sù zhī kè lái jìng zhī zhōng jí suī bù dāng wèi wèi dà shī yě
《象》曰："不速之客来，敬之终吉"，虽不当位，未大失也[6]。

注释

① 需于血，出自穴：在血泊中等待，从洞穴中脱出。
② 需于血，顺以听也：在血泊中等待，不如顺从时机，听从天命。听，听从。
③ 需于酒食，贞吉：用喝酒吃肉来等待，守正吉祥。
④ 有不速之客三人来：有三位没有邀请的客人到来。速，召，请。
⑤ 敬之终吉：尊敬他们，最终得到吉祥。
⑥ 虽不当位，未大失也：虽然不在适当的位置，也没有大的损失。

易经上·讼卦第六

yì jīng shàng sòng guà dì liù

☰☵（坎下乾上）

kǎn xià qián shàng

讼[1]：有孚，窒惕，中吉，终凶[2]。利见大人，不利涉大川[3]。

《彖》曰：讼，上刚下险，险而健，讼[4]。“讼：有孚，窒惕，中吉”，刚来而得中也[5]。“终凶”，讼不可成也[6]。“利见大人”，尚中正也[7]。“不利涉大川”，入于渊也。

《象》曰：天与水违行，讼[8]；君子

注释

① 讼：卦名，意为争讼。
② 中吉，终凶：当中吉祥，最终凶险。
③ 利见大人，不利涉大川：利于拜见大人，不利于渡河。
④ 上刚下险，险而健，讼：上位是阳刚，下位是凶险，凶险而强健，就是讼。
⑤ 刚来而得中也：阳刚到来而能得到中正。
⑥ 讼不可成也：争讼不可以成功。
⑦ 尚：崇尚。
⑧ 天与水违行，讼：天和水背道而行，这就是讼卦。

yǐ zuò shì móu shǐ
以作事谋始①。

chū liù bù yǒng suǒ shì xiǎo yǒu yán zhōng jí
初六：不永所事②，小有言，终吉③。

xiàng yuē bù yǒng suǒ shì sòng bù kě cháng yě suī xiǎo yǒu yán qí biàn míng yě
《象》曰："不永所事"，讼不可长也④。虽"小有言"，其辩明也⑤。

jiǔ èr bú kè sòng guī ér bū qí yì rén sān bǎi hù wú shěng
九二：不克讼⑥，归而逋其邑人三百户⑦，无眚⑧。

xiàng yuē bú kè sòng guī bū cuàn yě zì xià sòng shàng huàn zhì duō yě
《象》曰："不克讼"，归逋窜也⑨。自下讼上，患至掇也⑩。

liù sān shí jiù dé zhēn lì zhōng jí huò
六三：食旧德，贞厉⑪，终吉。或

注释

① 君子以作事谋始：君子做事情就要在开始的时候谋划好。
② 不永所事：做事情没有恒心。
③ 小有言，终吉：虽受小的言论指责，最终获得吉祥。
④ 讼不可长也：争讼不可长久。
⑤ 其辩明也：终会辨明是非。辩，即"辨"。
⑥ 不克讼：争讼没有胜利。克，胜。
⑦ 归而逋其邑人三百户：归来之后城邑里的人逃跑了三百户。逋，逃跑。
⑧ 眚：灾祸。
⑨ 归逋窜也：归来后逃跑了。逋窜，逃跑。
⑩ 自下讼上，患至掇也：在下位和上位争讼，祸患到来是自己取得的。掇，拾取。
⑪ 食旧德，贞厉：安享世袭俸禄，守正防危。

cóng wáng shì wú chéng
从王事，无成[①]。

xiàng yuē shí jiù dé cóng shàng jí yě
《象》曰：“食旧德”，从上吉也。

jiǔ sì bú kè sòng fù jí mìng yú ān zhēn jí
九四：不克讼，复即命渝[②]，安贞，吉。

xiàng yuē fù jí mìng yú ān zhēn bù shī yě
《象》曰：“复即命渝”，“安贞”不失也[③]。

jiǔ wǔ sòng yuán jí
九五：讼，元吉[④]。

xiàng yuē sòng yuán jí yǐ zhōng zhèng yě
《象》曰：“讼，元吉”，以中正也。

shàng jiǔ huò cì zhī pán dài zhōng zhāo sān chǐ zhī
上九：或锡之鞶带[⑤]，终朝三褫之[⑥]。

xiàng yuē yǐ sòng shòu fú yì bù zú jìng yě
《象》曰：以讼受服，亦不足敬也[⑦]。

注释

① 或从王事，无成：从事君王之事，不敢把成功归为己有。

② 复即命渝：回来就命令改变。复，返回。渝，改变。

③ 不失：没有损失。

④ 讼，元吉：争讼得胜，大吉。

⑤ 锡：即“赐”。鞶带：大带，喻高官厚禄。

⑥ 终朝三褫之：一天之内多次被剥夺。终朝，一天之内。褫，剥夺。

⑦ 以讼受服，亦不足敬也：因为争讼受到赏赐，也不值得尊敬。

yì jīng shàng shī guà dì qī

易经上·师卦第七

kǎn xià kūn shàng

䷆（坎下坤上）

shī zhēn zhàng rén jí wú jiù

师①：贞②，丈人吉，无咎③。

tuàn yuē shī zhòng yě zhēn zhèng yě

《彖》曰：师，众也④。贞，正也。

néng yǐ zhòng zhèng kě yǐ wàng yǐ gāng zhōng ér yìng xíng

能以众正，可以王矣⑤。刚中而应，行

xiǎn ér shùn yǐ cǐ dū tiān xià ér mín cóng zhī jí

险而顺⑥，以此毒天下⑦，而民从之，吉

yòu hé jiù yǐ

又何咎矣。

xiàng yuē dì zhōng yǒu shuǐ shī jūn zǐ yǐ

《象》曰：地中有水，师⑧。君子以

注释

① 师：卦名，意为军旅。

② 贞：守正。

③ 丈人吉，无咎：德高望重的人统兵可获吉祥，没有祸害。丈人，德高望重之人，此处指主帅。

④ 师，众也：军队，是有组织的群众。

⑤ 能以众正，可以王矣：能率领部队维持正义，就可以称王了。

⑥ 刚中而应，行险而顺：刚健中正的君王有柔顺的人民相应，行动虽遇到险阻也会顺利。

⑦ 毒：即“督”，治理。

⑧ 地中有水，师：土地中有水，就是师卦。

róng mín xù zhòng
容民畜众[①]。

chū liù shī chū yǐ lǜ pǐ zāng xiōng
初六：师出以律[②]，否臧凶[③]。

xiàng yuē shī chū yǐ lǜ shī lǜ xiōng yě
《象》曰："师出以律"，失律，凶也[④]。

jiǔ èr zài shī zhōng jí wú jiù wáng sān cì mìng
九二：在师中吉，无咎[⑤]，王三锡命[⑥]。

xiàng yuē zài shī zhōng jí chéng tiān chǒng yě
《象》曰："在师中吉"，承天宠也[⑦]。

wáng sān cì mìng huái wàn bāng yě
"王三锡命"，怀万邦也[⑧]。

liù sān shī huò yú shī xiōng
六三：师或舆尸[⑨]，凶。

xiàng yuē shī huò yú shī dà wú gōng yě
《象》曰："师或舆尸"，大无功也[⑩]。

liù sì shī zuǒ cì wú jiù
六四：师左次，无咎[⑪]。

注释

① 君子以容民畜众：君子因此容纳人民，广聚群众。
② 师出以律：军队出征必须纪律严明。
③ 否：不。臧：善。
④ 失律，凶也：失去纪律，就要遇到凶险。
⑤ 在师中吉，无咎：在部队中，吉祥，没有凶灾。
⑥ 王三锡命：君王多次任命。锡，即"赐"。
⑦ 承天宠也：承受天的恩宠。
⑧ 怀万邦也：天下万国都来归顺。怀，安抚。
⑨ 师或舆尸：军队时而拉运尸体回来。舆，用车拉运。
⑩ 大无功也：极其没有功劳。
⑪ 师左次，无咎：军队驻扎在左方，没有灾祸。次，驻扎。

xiàng yuē zuǒ cì wú jiù wèi shī cháng yě
《象》曰："左次无咎"，未失常也[1]。

liù wǔ tián yǒu qín lì zhí yán wú jiù
六五：田有禽，利执言，无咎[2]。

zhǎng zǐ shuài shī dì zǐ yú shī zhēn xiōng
长子帅师，弟子舆尸，贞凶[3]。

xiàng yuē zhǎng zǐ shuài shī yǐ zhōng xíng
《象》曰："长子帅师"，以中行

yě dì zǐ yú shī shǐ bú dàng yě
也[4]。"弟子舆尸"，使不当也[5]。

shàng liù dà jūn yǒu mìng kāi guó chéng jiā xiǎo
上六：大君有命，开国承家，小

rén wù yòng
人勿用[6]。

xiàng yuē dà jūn yǒu mìng yǐ zhèng gōng
《象》曰："大君有命"，以正功

yě xiǎo rén wù yòng bì luàn bāng yě
也[7]。"小人勿用"，必乱邦也[8]。

注释

① 未失常也：没有失去战争规律。
② "田有禽"句：田中有禽兽，利于抓捕，没有灾害。执，抓捕。言，语助词。
③ "长子帅师"句：有德长者率领军队必定取胜，无德小子率领军队必定大败抬尸而归，只有中正才能防范凶险。长子，有德长者。弟子，无德小人。
④ 以中行也：以中正作为行为准则。
⑤ 使不当也：用人不妥当。
⑥ "大君有命"句：国君发布命令，建国封侯、赏赐大夫，不要任用无德小人。大君，国君。开国，建国封侯。承家，继承卿大夫之职。
⑦ 以正功也：论功行赏。
⑧ 必乱邦也：无德小人必定会祸乱国家。

yì jīng shàng bǐ guà dì bā
易经上·比卦第八

kūn xià kǎn shàng
䷇（坤下坎上）

bǐ jí yuán shì yuán yǒng zhēn wú jiù
比[1]：吉。原筮，元永贞，无咎[2]。
bù níng fāng lái hòu fū xiōng
不宁方来，后夫凶[3]。

tuàn yuē bǐ jí yě bǐ fǔ yě
《彖》曰：比，吉也。比，辅也，
xià shùn cóng yě yuán shì yuán yǒng zhēn wú jiù
下顺从也[4]。“原筮，元永贞，无咎”，
yǐ gāng zhōng yě bù níng fāng lái shàng xià yìng yě
以刚中也[5]。“不宁方来”，上下应也[6]。
hòu fū xiōng qí dào qióng yě
“后夫凶”，其道穷也[7]。

xiàng yuē dì shàng yǒu shuǐ bǐ xiān wáng
《象》曰：地上有水，比[8]。先王

注释

①比：卦名，意为亲辅。
②“原筮”句：态度审慎，又好又长久又守正，就没有灾祸。原筮，再三占卜，表示审慎。元，善。
③不宁方来，后夫凶：不安顺的邦国来了，后来的人就会有灾祸。方，邦国。
④比，辅也，下顺从也：比，是亲辅的意思，在下位的能顺从在上位的。
⑤以刚中也：因为中心刚正。
⑥上下应也：上下相互应和。
⑦其道穷也：亲辅之道穷尽。
⑧地上有水，比：大地布满水，就是比卦。

yǐ jiàn wàn guó qīn zhū hóu
以建万国，亲诸侯[①]。

chū liù yǒu fú bǐ zhī wú jiù yǒu fú yíng
初六：有孚比之，无咎[②]。有孚盈

fǒu zhōng lái yǒu tā jí
缶，终来有它，吉[③]。

xiàng yuē bǐ zhī chū liù yǒu tā jí yě
《象》曰：比之初六，“有它吉”也[④]。

liù èr bǐ zhī zì nèi zhēn jí
六二：比之自内，贞吉[⑤]。

xiàng yuē bǐ zhī zì nèi bú zì shī yě
《象》曰：“比之自内”，不自失也[⑥]。

liù sān bǐ zhī fěi rén
六三：比之匪人[⑦]。

xiàng yuē bǐ zhī fěi rén bú yì shāng hū
《象》曰：“比之匪人”，不亦伤乎[⑧]？

liù sì wài bǐ zhī zhēn jí
六四：外比之，贞吉[⑨]。

注释

① 先王以建万国，亲诸侯：先王因此建立万国，亲近诸侯。
② 有孚比之，无咎：有诚信的人，与他亲近，没有灾祸。孚，诚信。
③ “有孚盈缶”句：诚信充实于内，最终会有别的变故，吉祥。盈缶，充满瓦罐，喻充实于内。来，使来归。
④ 比之初六，“有它吉”也：比卦的初六爻，有变故也是吉祥的。
⑤ 比之自内，贞吉：发自内心地亲辅君王，是守正吉祥的。
⑥ 不自失也：不会自己失去正道。
⑦ 比之匪人：亲近无德不正的人。匪人，行为不端正的人。
⑧ 不亦伤乎：不也会受到伤害吗？
⑨ 外比之，贞吉：在外亲近君王，守正吉祥。

《象》曰："外比"于贤，以从上也①。

九五：显比②，王用三驱，失前禽③，邑人不诫，吉④。

《象》曰："显比"之吉，位正中也⑤。舍逆取顺⑥，"失前禽"也。"邑人不诫"，上使中也⑦。

上六：比之无首，凶⑧。

《象》曰："比之无首"，无所终也⑨。

注释

① "外比"于贤，以从上也：在外亲近贤君，以服从君上。
② 显比：光明无私就会得到亲近。显，光明无私。
③ 三驱：打猎时从三个方向围赶驱逐。失前禽：前方的禽兽逃走了。
④ 邑人不诫，吉：乡里的人也不警戒，吉祥。邑人，乡人。诫，警戒。
⑤ 位正中也：位置中正。
⑥ 逆：迎面而来的禽兽。顺：背面前逃的禽兽。
⑦ 上使中也：君上使用中正之道。
⑧ 比之无首，凶：亲近别人却没有首领，有凶险。首，首领。
⑨ 无所终也：没有好结果。

易经上·小畜卦第九

☰☴（乾下巽上）

小畜[1]：亨。密云不雨，自我西郊[2]。

《彖》曰：小畜，柔得位而上下应之[3]，曰小畜。健而巽，刚中而志行[4]，乃亨。"密云不雨"，尚往也[5]。"自我西郊"，施未行也[6]。

《象》曰：风行天上，小畜[7]。君子以懿文德[8]。

注释

① 小畜：卦名，意为小有积蓄。
② 密云不雨，自我西郊：空中浓云密布却不下雨，云气来自西郊，向东运行。
③ 柔得位而上下应之：阴柔占得主位而阳刚和其上下相应。
④ 健而巽，刚中而志行：君子刚健而谦逊，中心刚健从而志向可以施行。巽，谦逊。
⑤ 尚往也：云气往上离去。尚，即"上"。
⑥ 施未行也：云气中有雨但还没有下。
⑦ 风行天上，小畜：风在天上飘就是小畜卦。
⑧ 君子以懿文德：君子赞美德育教化。懿，美好，赞美。

初九：复自道，何其咎，吉[1]。

《象》曰："复自道"，其义吉也。

九二：牵复，吉[2]。

《象》曰："牵复"在中，亦不自失也[3]。

九三：舆说辐，夫妻反目[4]。

《象》曰："夫妻反目"，不能正室也[5]。

六四：有孚[6]，血去惕出[7]，无咎。

注释

① "复自道"句：从道路上返回，怎么会有灾殃，吉祥。复，返回。

② 牵复，吉：被牵连返回阳刚之道，吉祥。牵，牵连。

③ "牵复"在中，亦不自失也：牵连返回阳刚之道而居于正中，也不会自我损失。

④ 舆说辐，夫妻反目：车子散脱了辐条，夫妻反目成仇。舆，车子。说，即"脱"，散脱。辐，辐条。

⑤ 正室：端正妻室。

⑥ 孚：诚信。

⑦ 血去惕出：忧虑离去，出以警惕。血，即"恤"，忧虑。惕，警惕。

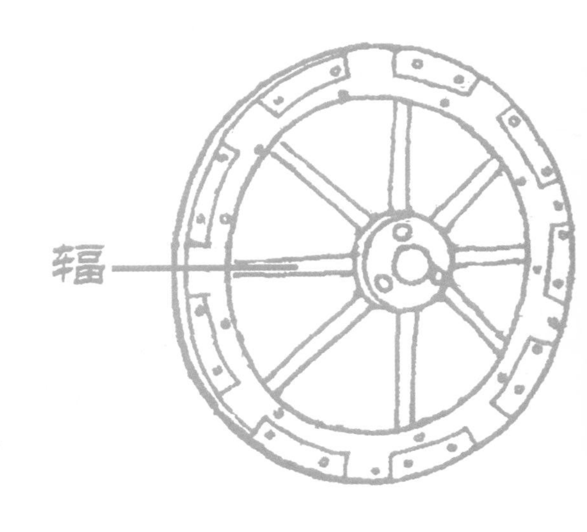

《象》曰："有孚惕出"，上合志也[1]。

九五：有孚挛如，富以其邻[2]。

《象》曰："有孚挛如"，不独富也[3]。

上九：既雨既处，尚德载[4]。妇贞厉[5]。月几望，君子征凶[6]。

《象》曰："既雨既处"，德积载也[7]。"君子征凶"，有所疑也[8]。

注释

① 上合志也：与上位志向相合。
② 有孚挛如，富以其邻：诚信相连，富及邻居。挛，牵连。如，语气词。
③ 不独富也：不独自富有。
④ 既雨既处，尚德载：又下雨又停雨，还得车子载归。处，停止。德，即"得"。
⑤ 妇贞厉：妇女守正以防危险。厉，危险。
⑥ 月几望，君子征凶：每月接近十五的时候，君子出征必有凶险。几，接近。望，农历每月的十五。
⑦ 德积载也：还能得到车子将积攒的东西载回。
⑧ 有所疑也：有所疑惑。

易经上·履卦第十

yì jīng shàng lǚ guà dì shí

duì xià qián shàng
☰☱（兑下乾上）

lǚ lǚ hǔ wěi bù dié rén hēng
履[①]：履虎尾，不咥人[②]，亨。

tuàn yuē lǚ róu lǚ gāng yě yuè ér yìng hū qián shì yǐ lǚ hǔ wěi bù dié rén hēng gāng zhōng zhèng lǚ dì wèi ér bú jiù guāng míng yě
《彖》曰：履，柔履刚也[③]。说而应乎乾[④]，是以“履虎尾，不咥人，亨”。刚中正，履帝位而不疚，光明也[⑤]。

xiàng yuē shàng tiān xià zé lǚ jūn zǐ yǐ biàn shàng xià dìng mín zhì
《象》曰：上天下泽，履[⑥]。君子以辩上下，定民志[⑦]。

注释

① 履：卦名，意为小心。
② 履：踩。咥：咬。
③ 柔履刚也：阴柔走在阳刚之后。
④ 说而应乎乾：和悦地应和阳刚。说，即“悦”。乾，阳刚。
⑤ “刚中正”句：刚健居中守正，踏上帝位却无内疚，品德光辉明亮。
⑥ 上天下泽，履：上位是天，下位是泽，就是履卦。
⑦ 君子以辩上下，定民志：君子以此辨别上下尊卑，安定人民的志向。辩，即“辨”。

chū jiǔ sù lǚ wǎng wú jiù
初九：素履往，无咎[1]。

xiàng yuē sù lǚ zhī wǎng dú xíng yuàn yě
《象》曰："素履"之往，独行愿也[2]。

jiǔ èr lǚ dào tǎn tǎn yōu rén zhēn jí
九二：履道坦坦，幽人贞吉[3]。

xiàng yuē yōu rén zhēn jí zhōng bú zì luàn yě
《象》曰："幽人贞吉"，中不自乱也[4]。

liù sān miǎo néng shì bǒ néng lǚ lǚ hǔ wěi
六三：眇能视，跛能履，履虎尾，
dié rén xiōng wǔ rén wéi yú dà jūn
咥人，凶[5]。武人为于大君[6]。

xiàng yuē miǎo néng shì bù zú yǐ yǒu míng
《象》曰："眇能视"，不足以有明
yě bǒ néng lǚ bù zú yǐ yǔ xíng yě dié
也[7]。"跛能履"，不足以与行也[8]。"咥
rén zhī xiōng wèi bú dàng yě wǔ rén wéi yú dà
人"之凶，位不当也[9]。"武人为于大

注释

① 素履往，无咎：穿着朴素的鞋子前往，无害。素，纯白，朴素。
② 独行愿也：专心实行自己的心愿。独，专心。
③ 履道坦坦，幽人贞吉：行走在平坦的道路上，幽静恬淡的人守正吉祥。幽人，幽静恬淡的人。
④ 中不自乱也：心中不自己扰乱志向。
⑤ "眇能视"句：一只眼瞎还能看，跛脚还能走，踩到了老虎尾巴，老虎会咬人，有凶险。眇，眼瞎。
⑥ 武人为于大君：勇武的人为君主做事。武人，勇武的人。
⑦ 不足以有明也：不足以说明有眼力。
⑧ 不足以与行也：不足以说明能走路。
⑨ 位不当也：位置不适当。

jūn zhì gāng yě
君”，志刚也[1]。

jiǔ sì lǚ hǔ wěi sè sè zhōng jí
九四：履虎尾，愬愬，终吉[2]。

xiàng yuē sè sè zhōng jí zhì xíng yě
《象》曰：“愬愬终吉”，志行也[3]。

jiǔ wǔ jué lǚ zhēn lì
九五：夬履，贞厉[4]。

xiàng yuē jué lǚ zhēn lì wèi zhèng dàng yě
《象》曰：“夬履贞厉”，位正当也[5]。

shàng jiǔ shì lǚ kǎo xiáng qí xuán yuán jí
上九：视履考祥，其旋元吉[6]。

xiàng yuē yuán jí zài shàng dà yǒu qìng yě
《象》曰：“元吉”在上，大有庆也[7]。

注释

① 志刚也：志气刚愎。

② 履虎尾，愬愬，终吉：踩到老虎尾巴，小心恐惧，最终获得吉祥。愬愬，恐惧的样子。

③ 志行也：志向能够实行。

④ 夬履，贞厉：果决小心，守正防危。夬，即“决”，果决。

⑤ 位正当也：位置中正适当。

⑥ 视履考祥，其旋元吉：行为谨慎，考虑周详，往返都大吉。视，视察。考，考虑。祥，即“详”，详细，周详。旋，往返。

⑦ 大有庆也：大有福庆。

虎

yì jīng shàng tài guà dì shí yī

易经上·泰卦第十一

qián xià kūn shàng

䷊（乾下坤上）

tài xiǎo wǎng dà lái jí hēng

泰①：小往大来②，吉，亨。

tuàn yuē tài xiǎo wǎng dà lái jí

《彖》曰："泰：小往大来，吉，

hēng zé shì tiān dì jiāo ér wàn wù tōng yě shàng xià

亨"，则是天地交而万物通也③，上下

jiāo ér qí zhì tóng yě nèi yáng ér wài yīn nèi jiàn ér

交而其志同也④。内阳而外阴，内健而

wài shùn nèi jūn zǐ ér wài xiǎo rén jūn zǐ dào zhǎng xiǎo

外顺，内君子而外小人，君子道长，小

rén dào xiāo yě

人道消也⑤。

xiàng yuē tiān dì jiāo tài hòu yǐ cái chéng

《象》曰：天地交，泰⑥。后以财成

注释

① 泰：卦名，意为通泰。

② 小往大来：阴去阳来。小往，指阴居外。大来，指阳居内。

③ 天地交而万物通：天地阴阳交合，万物亨通。天，指乾，属阳。地，指坤，属阴。

④ 上下交而其志同也：君臣相合，人们的志向就相同。上，指君。下，指臣。

⑤ "内阳而外阴"句：阳在内，阴在外；刚健在内，柔顺在外；君子在内，小人在外；君子之道长久，小人之道消亡。

⑥ 天地交，泰：天地交合就是泰卦。

tiān dì zhī dào fǔ xiàng tiān dì zhī yí yǐ zuǒ yòu mín
天地之道①，辅相天地之宜②，以左右民③。

chū jiǔ bá máo rú yǐ qí huì zhēng jí
初九：拔茅茹，以其汇，征吉④。

xiàng yuē bá máo zhēng jí zhì zài wài yě
《象》曰："拔茅征吉"，志在外也⑤。

jiǔ èr páo huāng yòng píng hé bù xiá yí
九二：包荒⑥，用冯河⑦，不遐遗⑧。

péng wú dé shàng yú zhōng xíng
朋亡，得尚于中行⑨。

xiàng yuē páo huāng dé shàng yú zhōng xíng
《象》曰："包荒，得尚于中行"，

yǐ guāng dà yě
以光大也⑩。

jiǔ sān wú píng bú bēi wú wǎng bú fù jiān
九三：无平不陂，无往不复⑪，艰

注释

① 后以财成天地之道：君王因此制定天地交合的规律。后，君王。财，即"裁"，裁成，制定。

② 辅相天地之宜：辅佐天地形成适当的化育万物的方法。辅，辅佐。相，帮助。

③ 以左右民：用来保佑人们。左右，即"佐佑"，有保佑之意。

④ "拔茅茹"句：拔起茅草时根系相连，因为它们是同一种类，出征可获吉祥。茹，根系相连。汇，种类相同。

⑤ 志在外也：志向在外。

⑥ 包荒：挖空的匏瓜，喻内心谦虚，有所包容。包，即"匏"，匏瓜。荒，中空。

⑦ 用冯河：用挖空的匏瓜渡河。冯河，渡河。

⑧ 不遐遗：不遗弃远方的贤才。遐，远。

⑨ 朋亡，得尚于中行：没有朋党，却能够和中正的行为相配合。朋，朋党。亡，即"无"。尚，配合。

⑩ 以光大也：因为道德光明正大。

⑪ 无平不陂，无往不复：没有平地不变成斜坡的，没有去了就不回来的。陂，斜坡。

贞无咎[1]。勿恤其孚，于食有福[2]。

《象》曰：“无往不复”，天地际也[3]。

六四：翩翩不富，以其邻不戒以孚[4]。

《象》曰：“翩翩不富”，皆失实也[5]。“不戒以孚”，中心愿也[6]。

六五：帝乙归妹[7]，以祉元吉[8]。

《象》曰：“以祉元吉”，中以行愿也[9]。

上六：城复于隍[10]，勿用师，自邑

注释

① 艰贞无咎：虽然遭遇艰难，只要守正就可以没有灾祸。

② 勿恤其孚，于食有福：不要忧虑自己的诚信无人相信，只要安享俸禄就可得到福利。恤，忧虑。孚，诚信。食，享受俸禄。

③ 天地际也：处于天地交接的边际。际，边际，边界。

④ “翩翩不富”句：轻佻的人不会富裕，因为他的邻居不会用诚信告诫他。翩翩，轻佻的样子。

⑤ 皆失实也：都失去了事实。

⑥ 中心愿也：是心中的愿望。

⑦ 帝乙归妹：帝乙嫁女。帝乙，商代殷纣王的父亲。归，女子出嫁。

⑧ 祉：保佑，赐福。

⑨ 中以行愿也：居中不偏实行志愿。

⑩ 城：城墙。复：即“覆”，倒塌。隍：无水的护城河。

gào mìng　zhēn lìn
告命①，贞吝。

xiàng　yuē　chéng fù　yú huáng　qí mìng luàn yě
《象》曰："城复于隍"，其命乱也②。

yì jīng shàng　pǐ guà dì shí èr
易经上·否卦第十二

kūn xià qián shàng
䷋（坤下乾上）

pǐ　pǐ zhī fěi rén　bú lì jūn zǐ zhēn　dà wǎng xiǎo lái
否③：否之匪人④，不利君子贞，大往小来⑤。

tuàn　yuē　pǐ zhī fěi rén　bú lì jūn zǐ zhēn　dà wǎng xiǎo lái　zé shì tiān dì bù jiāo ér wàn wù bù tōng yě　shàng xià bù jiāo ér tiān xià wú bāng yě　nèi
《彖》曰："否之匪人，不利君子贞。大往小来"，则是天地不交而万物不通也⑥，上下不交而天下无邦也⑦。内

注释

① 勿用师，自邑告命：不能出兵打仗，从城池里传来了命令。告命，命令。
② 复：即"覆"。其命乱也：传来的命令是错乱的。
③ 否：卦名，意为闭塞。
④ 否之匪人：闭塞之世，人道难通。匪，非。
⑤ 大往小来：阳刚离开，阴柔到来。大，指阳刚。小，指阴柔。
⑥ 则是天地不交而万物不通也：就是天地不交合，万物不相通。
⑦ 上下不交而天下无邦也：君臣互不交流，天下没有国家。

yīn ér wài yáng nèi róu ér wài gāng nèi xiǎo rén ér wài jūn zǐ xiǎo rén dào zhǎng jūn zǐ dào xiāo yě

阴而外阳，内柔而外刚，内小人而外君子，小人道长，君子道消也[1]。

xiàng yuē tiān dì bù jiāo pǐ jūn zǐ yǐ jiǎn dé bì nàn bù kě róng yǐ lù

《象》曰：天地不交，否[2]。君子以俭德辟难[3]，不可荣以禄[4]。

chū liù bá máo rú yǐ qí huì zhēn jí hēng

初六：拔茅茹，以其汇，贞吉，亨。

xiàng yuē bá máo zhēn jí zhì zài jūn yě

《象》曰："拔茅贞吉"，志在君也[5]。

liù èr bāo chéng xiǎo rén jí dà rén pǐ hēng

六二：包承，小人吉[6]。大人否，亨[7]。

xiàng yuē dà rén pǐ hēng bú luàn qún yě

《象》曰："大人否，亨"，不乱群也[8]。

liù sān bāo xiū

六三：包羞[9]。

注释

① "内阴而外阳"句：阴在内，阳在外；柔在内，刚在外；小人在内，君子在外；小人的道德增长，君子的道德消亡。

② 天地不交，否：天地不交合，就是否卦。

③ 君子以俭德辟难：君子用节俭的品德来躲避灾难。俭德，节俭的品德。辟，即"避"。

④ 不可荣以禄：不可以享受荣华富贵和俸禄。

⑤ 志在君也：一心为了君主。

⑥ 包承，小人吉：小人被包容就会顺承巴结有权势者，小人吉祥。

⑦ 大人否，亨：大人要否定小人为人处世的做法，才能亨通。

⑧ 不乱群也：指大人不与小人同类。

⑨ 包羞：小人被包容就会尸位素餐，是可耻的。

xiàng yuē bāo xiū wèi bú dàng yě
《象》曰："包羞"，位不当也①。

jiǔ sì yǒu mìng wú jiù chóu lí zhǐ
九四：有命无咎，畴离祉②。

xiàng yuē yǒu mìng wú jiù zhì xíng yě
《象》曰："有命无咎"，志行也③。

jiǔ wǔ xiū pǐ dà rén jí qí wáng qí wáng xì yú bāo sāng
九五：休否，大人吉④。其亡其亡，系于苞桑⑤。

xiàng yuē dà rén zhī jí wèi zhèng dàng yě
《象》曰："大人"之吉，位正当也⑥。

shàng jiǔ qīng pǐ xiān pǐ hòu xǐ
上九：倾否，先否后喜⑦。

xiàng yuē pǐ zhōng zé qīng hé kě cháng yě
《象》曰：否终则倾，何可长也⑧？

注释

① 位不当也：位置不适当。

② 有命无咎，畴离祉：有天命保佑就没有灾祸，同辈可同享幸福。畴，即"俦"，同类，同辈。离，即"罹"，遭遇。祉，福。

③ 志行也：志向在实现。

④ 休否，大人吉：停止闭塞的状态，大人吉祥。休，停止。

⑤ 其亡其亡，系于苞桑：心中警惕要被灭亡，才能像丛生的桑树枝一样牢固长久。苞，草木丛生。

⑥ 位正当也：位置中正得当。

⑦ 倾否，先否后喜：扭转闭塞的局面，先闭塞，后通泰欣喜。倾，扭转。

⑧ 否终则倾，何可长也：闭塞最终要被倾倒，怎么能长久呢！

yì jīng shàng tóng rén guà dì shí sān
易经上·同人卦第十三

lí xià qián shàng
䷌（离下乾上）

tóng rén tóng rén yú yě hēng lì shè dà
同人①：同人于野，亨②。利涉大
chuān lì jūn zǐ zhēn
川，利君子贞③。

tuàn yuē tóng rén róu dé wèi dé zhōng ér yìng
《彖》曰：同人，柔得位得中而应
hū qián yuē tóng rén tóng rén yuē tóng rén yú yě
乎乾，曰同人④。同人曰："同人于野，
hēng lì shè dà chuān qián xíng yě wén míng yǐ jiàn
亨。利涉大川"，乾行也⑤。文明以健，
zhōng zhèng ér yìng jūn zǐ zhèng yě wéi jūn zǐ wéi néng tōng
中正而应，君子正也⑥。唯君子为能通
tiān xià zhī zhì
天下之志⑦。

xiàng yuē tiān yǔ huǒ tóng rén jūn zǐ yǐ
《象》曰：天与火，同人⑧。君子以

注释

① 同人：卦名，意为与人和同。
② 同人于野，亨：在原野上与人和同，亨通。
③ 利涉大川，利君子贞：利于渡河，利于君子守正。
④ 柔得位得中而应乎乾，曰同人：阴柔占得中位，和阳刚相呼应，就是同人卦。
⑤ 乾行也：阳刚得到实行。
⑥ "文明以健"句：文采显明而又刚健，中正而又相应，这就是君子的正直之道。
⑦ 唯君子为能通天下之志：只有君子才能会通天下的意志。
⑧ 天与火，同人：天与火相应，就是同人卦。

lèi zú biàn wù
类族辨物[1]。

chū jiǔ tóng rén yú mén wú jiù
初九：同人于门，无咎[2]。

xiàng yuē chū mén tóng rén yòu shuí jiù yě
《象》曰：出门同人，又谁咎也[3]。

liù èr tóng rén yú zōng lìn
六二：同人于宗，吝[4]。

xiàng yuē tóng rén yú zōng lìn dào yě
《象》曰："同人于宗"，吝道也。

jiǔ sān fú róng yú mǎng shēng qí gāo líng sān suì bù xīng
九三：伏戎于莽[5]，升其高陵[6]，三岁不兴[7]。

xiàng yuē fú róng yú mǎng dí gāng yě sān suì bù xīng ān xíng yě
《象》曰："伏戎于莽"，敌刚也[8]。"三岁不兴"，安行也[9]？

注释

① 君子以类族辨物：君子通过分析群体来辨别事物。类，分析。
② 同人于门，无咎：在门口就与人和同，没有灾祸。
③ 出门同人，又谁咎也：出门就和同于人，还怪罪谁呢？
④ 同人于宗，吝：在宗族内部与人和同，有所遗憾。
⑤ 伏戎于莽：埋伏军队在草丛中。
⑥ 升其高陵：登上高地。
⑦ 三岁不兴：三年不敢发兵出征。
⑧ "伏戎于莽"，敌刚也：埋伏军队在草丛中，是因为敌人强大。
⑨ "三岁不兴"，安行也：三年不敢发兵出征，哪敢行动呢？

九四：乘其墉①，弗克攻②，吉。

《象》曰："乘其墉"，义弗克也③。其吉，则困而反则也④。

九五：同人，先号咷而后笑⑤。大师克，相遇⑥。

《象》曰：同人之先，以中直也⑦。"大师相遇"，言相克也⑧。

上九：同人于郊，无悔⑨。

《象》曰："同人于郊"，志未得也⑩。

注释

① 乘：登上。墉：城墙。
② 弗克攻：不能够进攻。克，能够。
③ 义弗克也：在道义上是不能做到的。
④ 其吉，则困而反则也：吉祥的原因是在困境中能回到正确的法则上。反，即"返"。
⑤ 同人，先号咷而后笑：与人和同，先痛哭后大笑。号咷，痛哭。
⑥ 大师克，相遇：大军打胜仗后会合。大师，大军。克，打胜仗。
⑦ 同人之先，以中直也：与人和同之前，要心中正直。
⑧ "大师相遇"，言相克也：大军会合，说明共同克敌制胜。
⑨ 同人于郊，无悔：在郊外与人和同，虽然僻远也无后悔。
⑩ 志未得也：志向不能实现。

yì jīng shàng dà yǒu guà dì shí sì
易经上·大有卦第十四

qián xià lí shàng

䷍（乾下离上）

dà yǒu yuán hēng

大有[①]：元亨[②]。

tuàn yuē dà yǒu róu dé zūn wèi dà zhōng ér shàng xià yìng zhī yuē dà yǒu qí dé gāng jiàn ér wén míng yìng hū tiān ér shí xíng shì yǐ yuán hēng

《彖》曰：大有，柔得尊位大中[③]，而上下应之[④]，曰大有。其德刚健而文明[⑤]，应乎天而时行[⑥]，是以“元亨”。

xiàng yuē huǒ zài tiān shàng dà yǒu jūn zǐ yǐ è è yáng shàn shùn tiān xiū mìng

《象》曰：火在天上，大有[⑦]。君子以遏恶扬善，顺天休命[⑧]。

注释

① 大有：卦名，意为大丰收。
② 元亨：至为亨通。
③ 柔得尊位大中：阴柔占据尊贵的正中的位置。大中，正中，中正。
④ 而上下应之：上位和下位都和它相呼应。
⑤ 其德刚健而文明：它的品德阳刚强健而又文采显明。
⑥ 应乎天而时行：顺应自然的规律按照时节行动。
⑦ 火在天上，大有：火光在天上就是大有卦。
⑧ 君子以遏恶扬善，顺天休命：君子遏制邪恶，张扬良善，顺应自然，命运美好。休，美好。

chū jiǔ wú jiāo hài fěi jiù jiān zé wú jiù
初九：无交害，匪咎[①]，艰则无咎[②]。

xiàng yuē dà yǒu chū jiǔ wú jiāo hài yě
《象》曰：大有初九，“无交害”也。

jiǔ èr dà chē yǐ zài yǒu yōu wǎng wú jiù
九二：大车以载，有攸往，无咎[③]。

xiàng yuē dà chē yǐ zài jī zhōng bú bài yě
《象》曰：“大车以载”，积中不败也[④]。

jiǔ sān gōng yòng xiǎng yú tiān zǐ xiǎo rén fú kè
九三：公用亨于天子，小人弗克[⑤]。

xiàng yuē gōng yòng xiǎng yú tiān zǐ xiǎo rén hài yě
《象》曰：“公用亨于天子”，小人害也[⑥]。

jiǔ sì fěn qí wāng wú jiù
九四：匪其尪[⑦]，无咎。

xiàng yuē fěn qí wāng wú jiù míng biàn
《象》曰：“匪其尪，无咎”，明辩

注释

① 无交害，匪咎：没有交往就没有灾害，也不招致灾祸。匪，非。
② 艰则无咎：心中牢记艰难就会没有灾祸。
③ “大车以载”句：用大车运载财物，有所前往，就没有灾祸。攸，所。
④ 积中不败也：把财物堆积在大车中就不会败坏。
⑤ 公用亨于天子，小人弗克：王公在天子那里享受宴席，小人则不能。亨，即“享”，享受宴席。
⑥ 小人害也：小人若掺杂其中就有灾害。
⑦ 匪：即“分”，分别，分赐。尪：骨骼弯曲者。

xī yě
晰也[①]。

liù wǔ jué fú jiāo rú wēi rú jí
六五：厥孚交如威如，吉[②]。

xiàng yuē jué fú jiāo rú xìn yǐ fā zhì
《象》曰："厥孚交如"，信以发志

yě wēi rú zhī jí yì ér wú bèi yě
也[③]。威如之吉，易而无备也[④]。

shàng jiǔ zì tiān yòu zhī jí wú bú lì
上九：自天祐之，吉无不利[⑤]。

xiàng yuē dà yǒu shàng jí zì tiān yòu yě
《象》曰：大有上吉，"自天祐"也。

注释

① 明辩晰也：有明确的辨析能力，非常明智。辩，即"辨"。
② 厥孚交如威如，吉：有诚信相互信赖，又有威严，吉祥。厥，其，他。孚，诚信。交，相互。
③ 信以发志也：用诚信来启发他人的志向。
④ 易而无备也：简易没有防备。
⑤ 自天祐之，吉无不利：有天保佑，有吉祥而无不利。

易经上·谦卦第十五

䷎（艮下坤上）

谦[①]：亨，君子有终[②]。

《彖》曰："谦：亨"。天道下济而光明[③]，地道卑而上行[④]。天道亏盈而益谦[⑤]，地道变盈而流谦[⑥]，鬼神害盈而福谦[⑦]，人道恶盈而好谦[⑧]。谦，尊而光，卑而不可逾，君子之终也[⑨]。

注释

① 谦：卦名，意为谦虚。
② 亨，君子有终：亨通，君子能够从始至终保持谦虚。
③ 天道下济而光明：天道向下成就万物而光明普照。
④ 地道卑而上行：地道低下而能向上行气。
⑤ 天道亏盈而益谦：天道亏损满的而增加谦虚的。
⑥ 地道变盈而流谦：地道改变满的向虚的流布。流，流布。
⑦ 鬼神害盈而福谦：鬼神损害满的而福佑谦虚的。
⑧ 人道恶盈而好谦：人道厌恶满的而喜好谦虚的。
⑨ "谦，尊而光"句：谦虚，居于高位可以更加光明，居于卑位也难以超越，君子始终保持谦虚。

xiàng yuē dì zhōng yǒu shān qiān jūn zǐ yǐ
《象》曰：地中有山，谦[①]。君子以
póu duō yì guǎ chēng wù píng shī
裒多益寡，称物平施[②]。

chū liù qiān qiān jūn zǐ yòng shè dà chuān jí
初六：谦谦君子，用涉大川，吉[③]。

xiàng yuē qiān qiān jūn zǐ bēi yǐ zì mù yě
《象》曰："谦谦君子"，卑以自牧也[④]。

liù èr míng qiān zhēn jí
六二：鸣谦，贞吉[⑤]。

xiàng yuē míng qiān zhēn jí zhōng xīn dé yě
《象》曰："鸣谦贞吉"，中心得也[⑥]。

jiǔ sān láo qiān jūn zǐ yǒu zhōng jí
九三：劳谦，君子有终，吉[⑦]。

xiàng yuē láo qiān jūn zǐ wàn mín fú yě
《象》曰："劳谦君子"，万民服也[⑧]。

liù sì wú bú lì huī qiān
六四：无不利，㧑谦[⑨]。

注释

① 地中有山，谦：土地当中藏有高山，就是谦卦。
② 君子以裒多益寡，称物平施：君子取多补少，称量财物公平地施与人们。裒，取。
③ "谦谦君子"句：无比谦虚的君子，可以渡过大河，获得吉祥。
④ 卑以自牧也：用谦卑来管理自己。牧，管理。
⑤ 鸣谦，贞吉：有声望又谦虚，守正吉祥。鸣，这里指名声在外，有声望。
⑥ 中心得也：是靠心内中正获得的。
⑦ 劳谦，君子有终，吉：有功劳又谦虚，君子谦虚至终，吉祥。
⑧ 万民服也：人民都顺服他。
⑨ 无不利，㧑谦：没有不利之处，发挥谦虚的美德。㧑，发挥。

《象》曰："无不利，㧑谦"，不违则也[1]。

六五：不富以其邻，利用侵伐，无不利[2]。

《象》曰："利用侵伐"，征不服也。

上六：鸣谦，利用行师，征邑国[3]。

《象》曰："鸣谦"，志未得也[4]。可"用行师"，"征邑国"也。

注释

① 不违则也：不违反谦虚的原则。

② "不富以其邻"句：不富裕是因为邻国的侵略，利用战争来对付敌人的侵略，没有不利的。

③ 鸣谦，利用行师，征邑国：有名望又谦虚，用之带兵打仗，征讨邻国。

④ 志未得也：志向没有全部实现。

征战图

易经上·豫卦第十六

䷏（坤下震上）

豫①：利建侯行师②。

《彖》曰：豫，刚应而志行，顺以动，豫③。豫顺以动，故天地如之，而况"建侯行师"乎④？天地以顺动，故日月不过，而四时不忒⑤。圣人以顺动，则刑罚清而民服⑥。豫之时义大矣哉⑦！

注释

① 豫：卦名，意为喜悦、享乐。
② 利建侯行师：利于建国封侯，出兵征讨。
③ 刚应而志行，顺以动，豫：阳刚和阴柔相呼应而志向得以施行，顺应客观法则而动，就可得到喜悦。
④ "豫顺以动"句：豫卦顺应客观法则而动，因此天地也像这样运行，何况建国封侯、出征打仗呢？
⑤ "天地以顺动"句：天地顺应客观法则而动，因此日月没有过错，四时节气也没有过错。忒，过错。
⑥ 圣人以顺动，则刑罚清而民服：圣人按照客观法则而动，就刑罚清明，人民服从。
⑦ 时义：因时而生的意义。

xiàng yuē léi chū dì fèn yù xiān wáng yǐ
《象》曰：雷出地奋，豫①。先王以

zuò yuè chóng dé yīn jiàn zhī shàng dì yǐ pèi zǔ kǎo
作乐崇德②，殷荐之上帝，以配祖考③。

chū liù míng yù xiōng
初六：鸣豫，凶④。

xiàng yuē chū liù míng yù zhì qióng xiōng yě
《象》曰："初六鸣豫"，志穷凶也⑤。

liù èr jiè yú shí bù zhōng rì zhēn jí
六二：介于石，不终日，贞吉⑥。

xiàng yuē bù zhōng rì zhēn jí yǐ zhōng zhèng yě
《象》曰："不终日，贞吉"，以中正也。

liù sān xū yù huǐ chí yǒu huǐ
六三：盱豫，悔⑦。迟有悔⑧。

xiàng yuē xū yù yǒu huǐ wèi bú dàng yě
《象》曰："盱豫有悔"，位不当也。

注释

① 雷出地奋，豫：天上发出雷声，大地兴奋无比，就是豫卦。

② 先王以作乐崇德：先代的君王因此制作音乐，崇尚道德。

③ 殷荐之上帝，以配祖考：隆重地进献给上帝，让祖先也在祭祀时配享。殷，丰盛，隆重。荐，进献。配，祭祀时配享。祖考，祖先。

④ 鸣豫，凶：有名声又贪图享乐，必有凶险。鸣，有名声。

⑤ 志穷：没有志向。

⑥ "介于石"句：意志坚定如石，不到一天就改变了享乐的态度，守正吉祥。介，坚。于，如。

⑦ 盱豫，悔：媚上求欢，必有后悔。盱，张目，比喻媚上。

⑧ 迟有悔：迟疑不决，必有后悔。

九四：由豫，大有得①。勿疑，朋盍簪②。

《象》曰："由豫，大有得"，志大行也。

六五：贞疾，恒不死③。

《象》曰："六五贞疾"，乘刚也④。"恒不死"，中未亡也⑤。

上六：冥豫，成有渝，无咎⑥。

《象》曰："冥豫"在上，何可长也？

注释

① 由豫，大有得：享受有理由的安乐，才能大有所得。由豫，有理由的享乐。
② 勿疑，朋盍簪：不要怀疑，朋友可以合聚在一起。盍，合。簪，聚束头发的发簪，意指聚集。
③ 贞疾，恒不死：守正防病，能长久不死。
④ 乘刚也：阴柔登于阳刚之上。乘，登上。
⑤ 中未亡也：中正没有消亡。
⑥ 冥豫，成有渝：糊里糊涂地享乐，成为习性后有所改变，没有过错。冥，昏暗不明。成，成性。渝，改变。

yì jīng shàng suí guà dì shí qī
易经上·随卦第十七

zhèn xià duì shàng
䷐（震下兑上）

suí yuán hēng lì zhēn wú jiù
随[1]：元亨，利贞，无咎[2]。

tuàn yuē suí gāng lái ér xià róu dòng ér
《彖》曰：随，刚来而下柔，动而

yuè suí dà hēng zhēn wú jiù ér tiān xià suí
说，随[3]。大亨，贞，无咎，而天下随

shí suí shí zhī yì dà yǐ zāi
时[4]，随时之义大矣哉[5]。

xiàng yuē zé zhōng yǒu léi suí jūn zǐ yǐ
《象》曰：泽中有雷，随[6]。君子以

xiàng huì rù yàn xī
向晦入宴息[7]。

注释

① 随：卦名，意为随从。

② “元亨”句：宏大、通达，利他、坚固，就没有灾害。

③ 刚来而下柔，动而说，随：阳刚来居阴柔之下，其行动必然使人喜悦，这就是随从。说，即“悦”。

④ 大亨，贞，无咎，而天下随时：通达守正，没有过错，天下都能顺时而动。

⑤ 随时之义大矣哉：顺时而动的意义实在太大了。

⑥ 泽中有雷，随：大泽中有雷，就是随卦。

⑦ 君子以向晦入宴息：君子在向晚时入室安息。向晦，向晚。入，入室。宴，安。

chū jiǔ guān yǒu yú zhēn jí chū mén jiāo yǒu gōng
初九：官有渝，贞吉①。出门交有功②。

xiàng yuē guān yǒu yú cóng zhèng jí yě
《象》曰："官有渝"，从正吉也③。

chū mén jiāo yǒu gōng bù shī yě
"出门交有功"，不失也④。

liù èr xì xiǎo zǐ shī zhàng fū
六二：系小子，失丈夫⑤。

xiàng yuē xì xiǎo zǐ fú jiān yǔ yě
《象》曰："系小子"，弗兼与也⑥。

liù sān xì zhàng fū shī xiǎo zǐ suí yǒu qiú
六三：系丈夫，失小子。随有求

dé lì jū zhēn
得，利居贞⑦。

xiàng yuē xì zhàng fū zhì shě xià yě
《象》曰："系丈夫"，志舍下也⑧。

jiǔ sì suí yǒu huò zhēn xiōng yǒu fú zài dào
九四：随有获，贞凶⑨。有孚在道，

注释

① 官有渝，贞吉：官吏有所改变，守正吉祥。渝，改变。
② 出门交有功：出门交往获得功劳。
③ 从正吉也：随从正道，吉祥。
④ 不失也：不失正道。
⑤ 系小子，失丈夫：和小人有交往，就会失去和大人的关系。系，关系，交往。小子，小人。丈夫，大人。
⑥ 弗兼与也：两种关系不能兼有。兼与，兼有。
⑦ 随有求得，利居贞：随从别人在有求之时必有所得，利于安居守正。
⑧ 志舍下也：志向是舍弃在下的小人。
⑨ 随有获，贞凶：随从人后必有收获，守正防凶。

以明，何咎[1]？

《象》曰："随有获"，其义凶也[2]。"有孚在道"，明功也[3]。

九五：孚于嘉，吉[4]。

《象》曰："孚于嘉，吉"，位正中也[5]。

上六：拘系之，乃从维之[6]，王用亨于西山[7]。

《象》曰："拘系之"，上穷也。

注释

① "有孚在道"句：有诚信符合正道，光明正大，有什么灾祸呢？孚，诚信。在道，符合正道。

② 其义凶也：它的意义是凶险的。

③ 明功也：光明正大的功效。

④ 孚于嘉，吉：对品性美好的人讲诚信，吉祥。嘉，美好。

⑤ 位正中也：位置中正。

⑥ 拘系：拘留束缚。维：用绳索捆绑。

⑦ 王用亨于西山：大王因此在西山祭祀。亨，即"享"，祭祀。

易经上·蛊卦第十八

䷑（巽下艮上）

蛊[1]：元亨，利涉大川[2]。先甲三日，后甲三日[3]。

《彖》曰：蛊，刚上而柔下，巽而止，蛊[4]。“蛊：元亨”，而天下治也。“利涉大川”，往有事也[5]。“先甲三日，后甲三日”，终则有始，天行也[6]。

注释

① 蛊：卦名，意为蛊乱。
② 元亨，利涉大川：至为亨通，有利于渡河。
③ 先甲三日，后甲三日：甲，天干之首，其后为乙、丙、丁、戊、己、庚、辛、壬、癸。先甲三日，即甲日之前的三日，就是辛日。后甲三日，即甲日之后的三日，就是丁日。
④ 刚上而柔下，巽而止，蛊：阳刚在上位，阴柔在下位，驯顺后即被抑制，这就是蛊乱。巽，驯顺。
⑤ 往有事也：前往可以成就事业。
⑥ 终则有始，天行也：周而复始，往复循环，就是自然的规律。

xiàng yuē shān xià yǒu fēng gǔ jūn zǐ yǐ zhèn mín yù dé

《象》曰：山下有风，蛊①。君子以振民育德②。

chū liù gàn fù zhī gǔ yǒu zǐ kǎo wú jiù lì zhōng jí

初六：干父之蛊③，有子，考无咎，厉终吉④。

xiàng yuē gàn fù zhī gǔ yì chéng kǎo yě

《象》曰："干父之蛊"，意承考也⑤。

jiǔ èr gàn mǔ zhī gǔ bù kě zhēn

九二：干母之蛊，不可贞⑥。

xiàng yuē gàn mǔ zhī gǔ dé zhōng dào yě

《象》曰："干母之蛊"，得中道也。

jiǔ sān gàn fù zhī gǔ xiǎo yǒu huǐ wú dà jiù

九三：干父之蛊，小有悔，无大咎⑦。

xiàng yuē gàn fù zhī gǔ zhōng wú jiù yě

《象》曰："干父之蛊"，终无咎也⑧。

注释

① 山下有风，蛊：山的下面刮风，就是蛊卦。

② 君子以振民育德：君子因此振奋民心培育美德。

③ 干父之蛊：匡正父亲的弊端。干，匡正。蛊，蛊乱，弊端。

④ 有子，考无咎，厉终吉：有了这样的儿子，父亲就可以没有灾祸，虽有危害但最终可得吉祥。考，父亲。

⑤ 意承考也：意愿是继承父亲的事业。

⑥ 干母之蛊，不可贞：匡正母亲的弊端，时机不成熟时就守正待时。不可，时机不成熟。

⑦ "干父之蛊"句：匡正父亲的弊端，只有小的悔恨，没有大的灾祸。

⑧ 终无咎也：最终没有灾祸。

liù sì yù fù zhī gǔ wǎng jiàn lìn
六四：裕父之蛊，往见吝[1]。

xiàng yuē yù fù zhī gǔ wǎng wèi dé yě
《象》曰："裕父之蛊"，往未得也[2]。

liù wǔ gàn fù zhī gǔ yòng yù
六五：干父之蛊，用誉[3]。

xiàng yuē gàn fù yòng yù chéng yǐ dé yě
《象》曰："干父用誉"，承以德也[4]。

shàng jiǔ bú shì wáng hóu gāo shàng qí shì
上九：不事王侯，高尚其事[5]。

xiàng yuē bú shì wáng hóu zhì kě zé yě
《象》曰："不事王侯"，志可则也[6]。

注释

① 裕父之蛊，往见吝：宽缓父亲的弊端，前往就会有遗憾。裕，宽缓。
② 往未得也：前往没有收获。
③ 干父之蛊，用誉：匡正父亲的弊端，必定受到赞誉。
④ 承以德也：用美德来继承先辈的事业。
⑤ 不事王侯，高尚其事：不去侍奉王侯，把自己的事情看得无比高尚。
⑥ 志可则也：志向可以成为效法的准则。

易经上·临卦第十九

䷒（兑下坤上）

临[①]：元亨，利贞[②]。至于八月有凶[③]。

《彖》曰：临，刚浸而长[④]，说而顺，刚中而应[⑤]。大亨以正，天之道也[⑥]。“至于八月有凶”，消不久也[⑦]。

《象》曰：泽上有地，临[⑧]。君子以教思无穷，容保民无疆[⑨]。

注释

① 临：卦名，意为治理。
② 元亨，利贞：至为亨通，有利守正。
③ 至于八月有凶：到了八月有凶险。
④ 刚浸而长：阳刚渐渐增长。浸，渐。
⑤ 说而顺，刚中而应：和悦又通顺，阳刚居中和阴柔相呼应。说，即“悦”。
⑥ 大亨以正，天之道也：至大亨通守持正道，这就是自然的规律。
⑦ 消不久也：阳气渐消不可长久。
⑧ 泽上有地，临：大泽上有土地，就是临卦。
⑨ 君子以教思无穷，容保民无疆：君子教育民众、挂念民众无穷无尽，包容民众、保护民众无边无际。

chū jiǔ gǎn lín zhēn jí
初九：咸临，贞吉①。

xiàng yuē gǎn lín zhēn jí zhì xíng zhèng yě
《象》曰："咸临贞吉"，志行正也②。

jiǔ èr gǎn lín jí wú bú lì
九二：咸临，吉，无不利。

xiàng yuē gǎn lín jí wú bú lì wèi shùn mìng yě
《象》曰："咸临，吉，无不利"，未顺命也③。

liù sān gān lín wú yōu lì jì yōu zhī wú jiù
六三：甘临，无攸利④。既忧之，无咎⑤。

xiàng yuē gān lín wèi bú dàng yě jì yōu zhī jiù bù cháng yě
《象》曰："甘临"，位不当也⑥。"既忧之"，咎不长也⑦。

liù sì zhì lín wú jiù
六四：至临，无咎⑧。

注释

① 咸临，贞吉：用感化治理人民，守正吉祥。咸，即"感"。
② 志行正也：志向行为正直。
③ 未顺命也：不顺从天命。
④ 甘临，无攸利：用甜言蜜语来治理，没有利益。甘，甜言蜜语。
⑤ 既忧之，无咎：既而心中忧虑，没有灾祸。
⑥ 位不当也：位置不适当。
⑦ 咎不长也：灾祸不会长久。
⑧ 至临，无咎：亲自治理政事，没有灾祸。至，接近，亲近。

xiàng yuē zhì lín wú jiù wèi dàng yě
《象》曰："至临无咎"，位当也①。

liù wǔ zhì lín dà jūn zhī yí jí
六五：知临，大君之宜，吉②。

xiàng yuē dà jūn zhī yí xíng zhōng zhī wèi yě
《象》曰："大君之宜"，行中之谓也③。

shàng liù dūn lín jí wú jiù
上六：敦临，吉，无咎④。

xiàng yuē dūn lín zhī jí zhì zài nèi yě
《象》曰："敦临"之吉，志在内也⑤。

注释

① 位当也：位置适当。
② 知临，大君之宜，吉：用智慧来治理民众，国君应该这样做，吉祥。知，即"智"。
③ 行中之谓也：说的是行为要适中。
④ 敦临，吉，无咎：用敦厚来治理民众，吉祥，没有灾祸。敦，敦厚。
⑤ 志在内也：心志在邦国之内。

易经上·观卦第二十

yì jīng shàng guān guà dì èr shí

kūn xià xùn shàng

䷓（坤下巽上）

guān guàn ér bú jiàn yǒu fú yóng ruò

观[①]：盥而不荐，有孚颙若[②]。

tuàn yuē dà guān zài shàng shùn ér xùn zhōng zhèng yǐ guān tiān xià guān guàn ér bú jiàn yǒu fú yóng ruò xià guān ér huà yě guān tiān zhī shén dào ér sì shí bú tè shèng rén yǐ shén dào shè jiào ér tiān xià fú yǐ

《彖》曰：大观在上，顺而巽，中正以观天下[③]。“观：盥而不荐，有孚颙若”，下观而化也[④]。观天之神道，而四时不忒[⑤]。圣人以神道设教，而天下服矣[⑥]。

注释

① 观：卦名，意为观看、观望。

② 盥而不荐，有孚颙若：观看了把酒洒在地上的祭神仪式，就可以不观看后面的进献祭品的仪式，因为心中充满了诚信和肃敬。盥，把酒洒在地上祭神。荐，在祭祀时向神进献猪、牛、羊等祭品。孚，诚信。颙若，严肃的样子。

③ “大观在上”句：在上位者以开阔的眼界观察世间，柔顺又谦逊，用中正的道德观察天下。大观，开阔的眼界。巽，谦逊。

④ 下观而化也：在下位者观察后受到感化。

⑤ 观天之神道，而四时不忒：观察了自然神妙的变化之道，就会知道四季变化没有错误。天，自然。神道，神妙的变化之道。忒，差错。

⑥ 圣人以神道设教，而天下服矣：圣人用自然变化的神妙之道来安排教化，天下的人就会诚服。

xiàng yuē fēng xíng dì shàng guān xiān wáng yǐ
《象》曰：风行地上，观[1]。先王以
xǐng fāng guān mín shè jiào
省方观民设教[2]。

chū liù tóng guān xiǎo rén wú jiù jūn zǐ lìn
初六：童观，小人无咎，君子吝[3]。

xiàng yuē chū liù tóng guān xiǎo rén dào yě
《象》曰："初六童观"，小人道也。

liù èr kuī guān lì nǚ zhēn
六二：窥观，利女贞[4]。

xiàng yuē kuī guān nǚ zhēn yì kě chǒu yě
《象》曰："窥观女贞"，亦可丑也[5]。

liù sān guān wǒ shēng jìn tuì
六三：观我生，进退[6]。

xiàng yuē guān wǒ shēng jìn tuì wèi shī
《象》曰："观我生，进退"，未失
dào yě
道也。

注释

① 风行地上，观：风从地上刮过，就是观卦。

② 先王以省方观民设教：先代的君王因此巡视天下，观察民风设置教化。省方，巡视天下万方。

③ "童观"句：像幼童一般观察，小人没有灾祸，君子有遗憾。童观，像幼童一般观察，喻指见识浅薄。吝，遗憾。

④ 窥观，利女贞：偷偷地观察，有利于女子守正。窥观，偷看。

⑤ 亦可丑也：也是丑陋的行为。

⑥ 观我生，进退：观察自身的行为，审慎地选择进退。我生，自身。

liù sì guān guó zhī guāng lì yòng bīn yú wáng

六四：观国之光，利用宾于王①。

xiàng yuē guān guó zhī guāng shàng bīn yě

《象》曰："观国之光"，尚宾也②。

jiǔ wǔ guān wǒ shēng jūn zǐ wú jiù

九五：观我生，君子无咎③。

xiàng yuē guān wǒ shēng guān mín yě

《象》曰："观我生"，观民也④。

shàng jiǔ guān qí shēng jūn zǐ wú jiù

上九：观其生，君子无咎⑤。

xiàng yuē guān qí shēng zhì wèi píng yě

《象》曰："观其生"，志未平也⑥。

注释

① 观国之光，利用宾于王：观察到国家的光明前景，有利于上朝辅佐君王。用宾，成为宾客，意指辅佐。

② 尚宾也：崇尚宾客。

③ 观我生，君子无咎：观察自身行为，君子没有灾祸。

④ 观民：观察民风。

⑤ 观其生，君子无咎：人们都观察他的行为，君子没有灾祸。

⑥ 志未平也：志向没有平定。

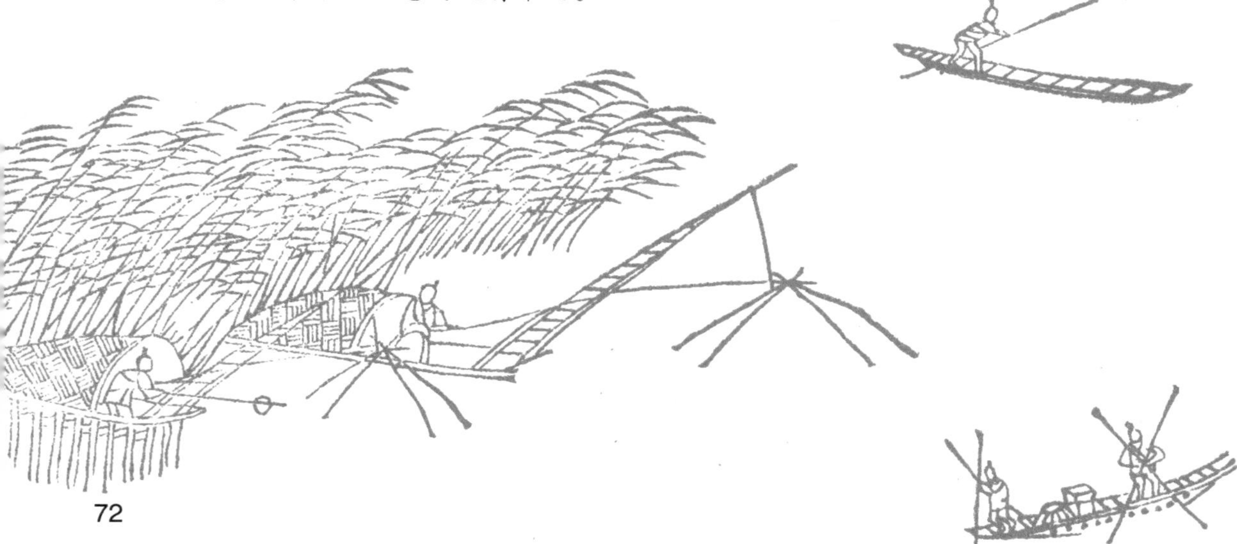

易经上·噬嗑卦第二十一

䷔（震下离上）

噬嗑[1]：亨，利用狱[2]。

《彖》曰：颐中有物，曰噬嗑[3]。噬嗑而亨，刚柔分，动而明，雷电合而章[4]。柔得中而上行，虽不当位，“利用狱”也[5]。

《象》曰：雷电噬嗑[6]。先王以明罚敕法[7]。

注释

① 噬嗑：卦名，意为对罪犯使用刑法。噬，咬。嗑，合。
② 利用狱：利于使用刑法。
③ 颐中有物，曰噬嗑：口中含有东西就是噬嗑。颐，下巴，面颊。
④ 雷电合而章：雷电交合光明昭彰。
⑤“柔得中而上行”句：阴柔占得中位向上运行，虽然位置不当，但利于使用刑法。
⑥ 雷电噬嗑：雷电就是噬嗑卦。
⑦ 先王以明罚敕法：先代的君王因此显明刑罚、敕定法律。

chū jiǔ jù jiào miè zhǐ wú jiù
初九：屦校灭趾，无咎[①]。

xiàng yuē jù jiào miè zhǐ bù xíng yě
《象》曰："屦校灭趾"，不行也[②]。

liù èr shì fū miè bí wú jiù
六二：噬肤灭鼻，无咎[③]。

xiàng yuē shì fū miè bí chéng gāng yě
《象》曰："噬肤灭鼻"，乘刚也[④]。

liù sān shì là ròu yù dú xiǎo lìn wú jiù
六三：噬腊肉遇毒[⑤]，小吝，无咎[⑥]。

xiàng yuē yù dú wèi bú dàng yě
《象》曰："遇毒"，位不当也[⑦]。

jiǔ sì shì gān zǐ dé jīn shǐ lì jiān zhēn jí
九四：噬干胏得金矢[⑧]，利艰贞，吉[⑨]。

xiàng yuē lì jiān zhēn jí wèi guāng yě
《象》曰："利艰贞吉"，未光也[⑩]。

注释

① 屦校灭趾，无咎：脚上加有木制刑具，覆盖了脚趾，没有过错。屦，鞋，这里指脚。校，木制刑具。灭，覆盖。趾，脚趾。

② 不行也：不便于行走。

③ 噬肤灭鼻，无咎：咬肥肉遮盖住了鼻子，没有灾祸。肤，肥肉。

④ 乘刚也：阴柔登于阳刚之上。

⑤ 噬腊肉遇毒：吃腊肉遇到了毒物。腊肉，干肉。

⑥ 小吝，无咎：小有遗憾，没有灾祸。吝，遗憾。

⑦ 位不当也：位置不适当。

⑧ 噬干胏得金矢：吃带骨头的干肉，咬到了铜箭头。干胏，带骨的干肉。金矢，铜箭头。

⑨ 利艰贞，吉：有利于在艰难中守正，吉祥。

⑩ 未光也：还没有发扬光大。

liù wǔ shì gān ròu dé huáng jīn zhēn lì wú jiù
六五：噬干肉得黄金[1]，贞厉，无咎[2]。

xiàng yuē zhēn lì wú jiù dé dàng yě
《象》曰："贞厉无咎"，得当也[3]。

shàng jiǔ hè jiào miè ěr xiōng
上九：何校灭耳，凶[4]。

xiàng yuē hè jiào miè ěr cōng bù míng yě
《象》曰："何校灭耳"，聪不明也[5]。

yì jīng shàng bì guà dì èr shí èr
易经上·贲卦第二十二

lí xià gèn shàng
䷕（离下艮上）

bì hēng xiǎo lì yǒu yōu wǎng
贲[6]：亨，小利有攸往[7]。

tuàn yuē bì hēng róu lái ér wén gāng
《彖》曰：贲，亨，柔来而文刚，

注释

① 噬干肉得黄金：吃干肉咬到了铜箭头。黄金，铜箭头。
② 贞厉，无咎：守正防止危险，没有灾祸。
③ 得当也：位置得当。
④ 何校灭耳，凶：肩上扛着刑具，覆盖了耳朵，凶险。何，即"荷"，肩扛。
⑤ 聪不明也：听觉不明。聪，听觉。
⑥ 贲：卦名，意为文饰。
⑦ 小利有攸往：稍微有利于前往。

故亨[1]。分，刚上而文柔[2]，故“小利有攸往”。刚柔交错，天文也[3]。文明以止，人文也[4]。观乎天文，以察时变[5]。观乎人文，以化成天下[6]。

《象》曰：山下有火，贲[7]。君子以明庶政，无敢折狱[8]。

初九：贲其趾，舍车而徒[9]。

《象》曰：“舍车而徒”，义弗乘也[10]。

注释

① 柔来而文刚，故亨：阴柔来文饰阳刚，因此亨通。

② 分，刚上而文柔：阳刚和阴柔分开，阳刚居上文饰阴柔。

③ 刚柔交错，天文也：刚柔交错就是天文。

④ 文明以止，人文也：文明教化使人有所止，就是人文。

⑤ 观乎天文，以察时变：观察天文，以观察四时的变化。

⑥ 观乎人文，以化成天下：观察人文，用来教化成就天下的人民。

⑦ 山下有火，贲：山下有火，就是贲卦。

⑧ 君子以明庶政，无敢折狱：君子用来考察众多的政事，不敢判断案件。庶政，众多的政事。折狱，判断案件。

⑨ 贲其趾，舍车而徒：文饰脚趾，放弃车子徒步行走。

⑩ 义弗乘也：按道义来说不应该乘车。

六二：贲其须[1]。

《象》曰："贲其须"，与上兴也[2]。

九三：贲如濡如，永贞吉[3]。

《象》曰："永贞"之吉，终莫之陵也[4]。

六四：贲如皤如，白马翰如[5]，匪寇，婚媾[6]。

《象》曰：六四，当位疑也[7]。"匪寇婚媾"，终无尤也[8]。

六五：贲于丘园，束帛戋戋[9]，吝，

注释

① 贲其须：文饰长者的胡须。

② 与上兴也：和在上者一起兴起。

③ 贲如濡如，永贞吉：文饰得好就给人以恩泽，永远守正吉祥。如，语气词。濡，润泽。

④ 终莫之陵也：最终没有人能够凌辱。

⑤ 贲如皤如，白马翰如：文饰起来全身洁白，白马像飞一样奔跑。皤，白色。翰，鸟羽。

⑥ 匪寇，婚媾：不是强盗，是来婚配的。

⑦ 当位疑也：虽然位置得当，但心存疑虑。

⑧ 终无尤也：最终没有过错。

⑨ 贲于丘园，束帛戋戋：在山丘上的园林里文饰，送来很少的丝帛。

zhōng jí
终吉①。

xiàng   yuē   liù wǔ zhī jí   yǒu xǐ yě
《象》曰：六五之吉，有喜也②。

shàng jiǔ   bái bì   wú jiù
上九：白贲，无咎③。

xiàng   yuē   bái bì wú jiù   shàng dé zhì yě
《象》曰："白贲无咎"，上得志也④。

yì jīng shàng   bō guà dì èr shí sān
易经上·剥卦第二十三

kūn xià gèn shàng
䷖（坤下艮上）

bō   bú lì yǒu yōu wǎng
剥⑤：不利有攸往⑥。

tuàn   yuē   bō   bō yě   róu biàn gāng yě
《象》曰：剥，剥也，柔变刚也⑦。

bú lì yǒu yōu wǎng   xiǎo rén zhǎng yě   shùn ér zhǐ
"不利有攸往"，小人长也⑧。顺而止

注释

① 吝，终吉：虽有遗憾，最终获得吉祥。
② 六五之吉，有喜也：六五爻的吉祥，是有喜事。
③ 白贲，无咎：朴素淡雅的文饰，没有灾祸。
④ 上得志也：在上位者志向得以实现。
⑤ 剥：卦名，意为剥落。
⑥ 不利有攸往：不利于有所前往。
⑦ 剥，剥也，柔变刚也：剥，剥落，就是阴柔改变了阳刚。
⑧ 小人长也：小人的势力增长。

之，观象也①。君子尚消息盈虚，天行也②。

《象》曰：山附于地，剥③。上以厚下安宅④。

初六：剥床以足⑤，蔑贞凶⑥。

《象》曰："剥床以足"，以灭下也⑦。

六二：剥床以辨⑧，蔑贞凶。

《象》曰："剥床以辨"，未有与也⑨。

六三：剥之，无咎⑩。

注释

① 顺而止之，观象也：顺势制止小人的势力，这是从观看卦象知道的。
② 君子尚消息盈虚，天行也：君子崇尚消亡增长、充满亏虚相互转化的道理，这是自然运行的规律。
③ 山附于地，剥：山附着在地上，就是剥卦。
④ 上以厚下安宅：在上者因此应该打牢基础，安固宅基。意为在上位者应该厚待下民才能得到安居。
⑤ 剥床以足：剥落大床从剥落床腿开始。
⑥ 蔑贞凶：毁灭床腿，此时应该守正防凶。蔑，毁灭。
⑦ 以灭下也：用来毁灭基础。
⑧ 剥床以辨：剥落大床剥落到了床头。辨，即"端"，床头。
⑨ 未有与也：没有相助者呼应。与，帮助。
⑩ 剥之，无咎：虽然遭受剥蚀，但没有灾害。

xiàng yuē bō zhī wú jiù shī shàng xià yě
《象》曰："剥之无咎"，失上下也①。

liù sì bō chuáng yǐ fū xiōng
六四：剥床以肤，凶②。

xiàng yuē bō chuáng yǐ fū qiè jìn zāi yě
《象》曰："剥床以肤"，切近灾也③。

liù wǔ guàn yú yǐ gōng rén chǒng wú bú lì
六五：贯鱼以宫人宠，无不利④。

xiàng yuē yǐ gōng rén chǒng zhōng wú yóu yě
《象》曰："以宫人宠"，终无尤也⑤。

shàng jiǔ shuò guǒ bù shí jūn zǐ dé yú xiǎo rén bō lú
上九：硕果不食，君子得舆，小人剥庐⑥。

xiàng yuē jūn zǐ dé yú mín suǒ zài yě xiǎo rén bō lú zhōng bù kě yòng yě
《象》曰："君子得舆"，民所载也⑦。"小人剥庐"，终不可用也。

注释

① 失上下也：失去上位和下位的呼应。
② 剥床以肤，凶：床已经被剥落了席子，凶险。肤，皮肤，表面，此处指床的席子。
③ 切近灾也：已经迫近灾祸。切近，迫近。
④ 贯鱼以宫人宠，无不利：（君主）射中了鱼，宫女得到宠幸，没有不利之处。
⑤ 终无尤也：最终没有过错。
⑥ "硕果不食"句：大果实没有被摘吃，君子摘吃就会得到车子，小人摘吃就会毁坏房屋。剥庐，毁坏房屋。
⑦ 民所载也：为人民所拥戴。

yì jīng shàng fù guà dì èr shí sì

易经上·复卦第二十四

zhèn xià kūn shàng

䷗（震下坤上）

fù hēng chū rù wú jí péng lái wú jiù

复[1]：亨。出入无疾，朋来无咎[2]。

fǎn fù qí dào qī rì lái fù lì yǒu yōu wǎng

反复其道，七日来复[3]，利有攸往[4]。

tuàn yuē fù hēng gāng fǎn dòng ér yǐ

《彖》曰：复，亨，刚反，动而以

shùn xíng shì yǐ chū rù wú jí péng lái wú jiù

顺行[5]，是以“出入无疾，朋来无咎”。

fǎn fù qí dào qī rì lái fù tiān xíng yě lì

“反复其道，七日来复”，天行也[6]。“利

yǒu yōu wǎng gāng zhǎng yě fù qí xiàn tiān dì zhī

有攸往”，刚长也[7]。复，其见天地之

xīn hū

心乎[8]。

注释

① 复：卦名，意为反复。

② 出入无疾，朋来无咎：进出都没有疾患，朋友来了没有灾祸。

③ 反复其道，七日来复：往返变化的规律，七天就要循环一次。反复，往返。

④ 利有攸往：有利于有所前往。

⑤ 刚反，动而以顺行：阳刚返回，有所行动必能顺利通行。

⑥ 天行也：自然运行的规律。

⑦ 刚长也：阳刚在增长。

⑧ 复，其见天地之心乎：反复，大概体现了天地变化的规律。见，即“现”。

xiàng yuē léi zài dì zhōng fù xiān wáng yǐ
《象》曰：雷在地中，复①。先王以

zhì rì bì guān shāng lǚ bù xíng hòu bù xǐng fāng
至日闭关，商旅不行，后不省方②。

chū jiǔ bù yuǎn fù wú qí huǐ yuán jí
初九：不远复，无祇悔，元吉③。

xiàng yuē bù yuǎn zhī fù yǐ xiū shēn yě
《象》曰："不远"之复，以修身也④。

liù èr xiū fù jí
六二：休复，吉⑤。

xiàng yuē xiū fù zhī jí yǐ xià rén yě
《象》曰："休复"之吉，以下仁也⑥。

liù sān pín fù lì wú jiù
六三：频复，厉，无咎⑦。

xiàng yuē pín fù zhī lì yì wú jiù yě
《象》曰："频复"之厉，义无咎也⑧。

liù sì zhōng xíng dú fù
六四：中行独复⑨。

注释

① 雷在地中，复：雷在地中震动，就是复卦。

② "先王以至日闭关"句：先代的君王在冬至这天关闭城门，商贩不出门远行，君主不巡视四方。至日，冬至。闭关，关闭城门。后，君主。

③ "不远复"句：走不远就返回，没有大悔恨，大吉。祇，大。

④ 以修身也：用来修养自身。

⑤ 休复，吉：很好地返回（喻知过善改），吉祥。休，美好。

⑥ 以下仁也：用谦下的态度亲近仁者。

⑦ 频复，厉，无咎：不情愿地返回，虽然有危险，但没有灾祸。频，即"颦"，皱眉，表示不情愿。厉，危险。

⑧ 义无咎也：按道理说没有灾祸。

⑨ 中行独复：走到半道又独自返回。

《象》曰："中行独复"，以从道也[1]。

六五：敦复，无悔[2]。

《象》曰："敦复无悔"，中以自考也[3]。

上六：迷复，凶，有灾眚[4]。用行师，终有大败，以其国，君凶[5]，至于十年不克征。

《象》曰："迷复"之凶，反君道也[6]。

注释

① 以从道也：用来遵从正道。
② 敦复，无悔：敦厚诚恳地返回，没有后悔。敦，敦厚。
③ 中以自考也：中正不偏，自我考察。
④ 迷复，凶，有灾眚：执迷不悟，不知返回，有凶险，有灾难。灾眚，灾难。
⑤ 用行师，终有大败，以其国，君凶：用来兴兵打仗，最终必会惨败；用来治理国家，一定会使国君有凶险。
⑥ 反君道也：违反做君主的道理。

yì jīng shàng wú wàng guà dì èr shí wǔ

易经上·无妄卦第二十五

zhèn xià qián shàng

☰☳（震下乾上）

wú wàng yuán hēng lì zhēn qí fěi zhèng yǒu shěng bú lì yǒu yōu wǎng

无妄[①]：元亨，利贞[②]。其匪正有眚，不利有攸往[③]。

tuàn yuē wú wàng gāng zì wài lái ér wéi zhǔ yú nèi dòng ér jiàn gāng zhōng ér yìng dà hēng yǐ zhèng tiān zhī mìng yě qí fěi zhèng yǒu shěng bú lì yǒu yōu wǎng wú wàng zhī wǎng hé zhī yǐ tiān mìng bú yòu xíng yǐ zāi

《彖》曰：无妄，刚自外来而为主于内[④]，动而健，刚中而应[⑤]。大亨以正，天之命也[⑥]。“其匪正有眚，不利有攸往”，无妄之往，何之矣[⑦]？天命不佑，行矣哉[⑧]？

注释

① 无妄：卦名，意为不妄为。
② 元亨，利贞：至为亨通，有利于守正。
③ 其匪正有眚，不利有攸往：不守正道的人有灾祸，不利于有所前往。匪，非。眚，灾祸。
④ 无妄，刚自外来而为主于内：不妄为，阳刚从外而来却在内做主。
⑤ 动而健，刚中而应：震动强健，阳刚居中而又互相照应。
⑥ 大亨以正，天之命也：亨通守正，这是天的命令。
⑦ 无妄之往：当作“妄之往”，“无”字为衍文。何之：到哪里去。之，到。
⑧ 天命不佑，行矣哉：天命不保佑，能行得通吗？

xiàng yuē tiān xià léi xíng wù yù wú

《象》曰：天下雷行，物与，无

wàng xiān wáng yǐ mào duì shí yù wàn wù

妄[1]。先王以茂对时育万物[2]。

chū jiǔ wú wàng wǎng jí

初九：无妄，往吉[3]。

xiàng yuē wú wàng zhī wǎng dé zhì yě

《象》曰："无妄"之往，得志也[4]。

liù èr bù gēng huò bù zī yú zé lì yǒu

六二：不耕获，不菑畬[5]，则利有

yōu wǎng

攸往。

xiàng yuē bù gēng huò wèi fù yě

《象》曰："不耕获"，未富也。

liù sān wú wàng zhī zāi huò xì zhī niú xíng

六三：无妄之灾[6]，或系之牛，行

rén zhī dé yì rén zhī zāi

人之得[7]，邑人之灾[8]。

注释

① "天下雷行"句：天下打雷，万物生长，就是无妄卦。物与，万物参与，即万物生长。

② 先王以茂对时育万物：先代的君王勉励按照四时节序来生育万物。茂，勉励。对时，对应四时节序。

③ 无妄，往吉：不妄为，前往吉祥。

④ 得志也：志向得以实现。

⑤ 不耕获，不菑畬：不耕种就没有收获，不开耕新田就没有熟田种。菑，初耕的田地。畬，开耕过两年的田地，这里泛指熟田。

⑥ 无妄之灾：不妄为也有灾害。

⑦ 或系之牛，行人之得：有时拴在路边的牛被走路的人偷走了。或，有时。系，拴。

⑧ 邑人之灾：成为同村人的灾祸。邑人，乡人，同村的人。

《象》曰："行人得牛"，邑人灾也。

九四：可贞，无咎[①]。

《象》曰："可贞无咎"，固有之也[②]。

九五：无妄之疾，勿药有喜[③]。

《象》曰："无妄"之药，不可试也[④]。

上九：无妄行，有眚，无攸利[⑤]。

《象》曰："无妄"之行[⑥]，穷之灾也。

注释

① 可贞，无咎：能够守正，就没有过错。
② 固有之也：本来就有的品德。
③ 无妄之疾，勿药有喜：不妄为却有了疾病，不用吃药就会有自愈的欢喜。
④ 不可试也：是不可尝试的。
⑤ "无妄行"句：不要妄为，(妄为)就有过失，没有利益。
⑥ "无妄"之行：当作"'妄'之行"，"无"字衍。

yì jīng shàng dà xù guà dì èr shí liù
易经上·大畜卦第二十六

qián xià gèn shàng
䷙（乾下艮上）

dà xù lì zhēn bù jiā shí jí lì shè dà
大畜[①]：利贞，不家食吉，利涉大
chuān
川[②]。

tuàn yuē dà xù gāng jiàn dǔ shí huī guāng
《彖》曰：大畜，刚健笃实，辉光
rì xīn qí dé gāng shàng ér shàng xián néng zhǐ jiàn dà
日新[③]。其德刚上而尚贤，能止健，大
zhèng yě bù jiā shí jí yǎng xián yě lì shè
正也[④]。“不家食吉”，养贤也[⑤]。“利涉
dà chuān yìng hū tiān yě
大川”，应乎天也[⑥]。

xiàng yuē tiān zài shān zhōng dà xù jūn zǐ
《象》曰：天在山中，大畜[⑦]。君子

注释

① 大畜：卦名，意为大有蓄积。
② 不家食吉，利涉大川：不在家吃饭，吉祥，有利于渡河。不家食，不在家吃饭，指贤人由君主供养。
③ 刚健笃实，辉光日新：阳刚健壮，笃信厚实，光辉焕发，每天都有新的气象。
④ “其德刚上而尚贤”句：它的品德阳刚居上又能崇尚贤人，能够制约强健的人，这是最大的正道。
⑤ 养贤也：这是供养贤人。
⑥ 应乎天也：这是顺应自然。
⑦ 天在山中，大畜：天在山中，就是大畜卦。

yǐ duō zhì qián yán wǎng xíng, yǐ xù qí dé
以多识前言往行，以畜其德①。

chū jiǔ: yǒu lì, lì yǐ
初九：有厉，利已②。

xiàng yuē: yǒu lì lì yǐ, bú fàn zāi yě
《象》曰："有厉利已"，不犯灾也③。

jiǔ èr: yú tuō fù
九二：舆说輹④。

xiàng yuē: yú tuō fù, zhōng wú yóu yě
《象》曰："舆说輹"，中无尤也⑤。

jiǔ sān: liáng mǎ zhú, lì jiān zhēn. yuē xián yú wèi, lì yǒu yōu wǎng
九三：良马逐，利艰贞⑥。曰闲舆卫，利有攸往⑦。

xiàng yuē: lì yǒu yōu wǎng, shàng hé zhì yě
《象》曰："利有攸往"，上合志也⑧。

liù sì: tóng niú zhī gù, yuán jí
六四：童牛之牿，元吉⑨。

注释

① 君子以多识前言往行，以畜其德：君子因此多记前贤的话、前贤的行为，用来积蓄自己的品德。识，识记。前言，前贤的话。往行，前贤的行为。
② 有厉，利已：有危险，利于停止。厉，危险。已，停止。
③ 不犯灾也：不触犯灾害。
④ 说：即"脱"。輹：又称伏兔，在车子下面勾住车轴的木制机关。
⑤ 中无尤也：居中没有过错。
⑥ 良马逐，利艰贞：好马互相追逐，利于在艰难中守正。
⑦ 曰闲舆卫，利有攸往：熟悉驾车守卫的技能，利于有所前往。曰，语气助词，无义。闲，熟悉。
⑧ 上合志也：和上位志同道合。
⑨ 童牛之牿，元吉：小牛头上的木枷，大吉。牿，即"梏"，木枷。

xiàng yuē liù sì yuán jí yǒu xǐ yě
《象》曰：六四“元吉”，有喜也。

liù wǔ fén shǐ zhī yá jí
六五：豮豕之牙，吉①。

xiàng yuē liù wǔ zhī jí yǒu qìng yě
《象》曰：六五之吉，有庆也。

shàng jiǔ hé tiān zhī qú hēng
上九：何天之衢，亨②。

xiàng yuē hé tiān zhī qú dào dà xíng yě
《象》曰：“何天之衢”，道大行也③。

yì jīng shàng yí guà dì èr shí qī
易经上·颐卦第二十七

zhèn xià gèn shàng
䷚（震下艮上）

yí zhēn jí guān yí zì qiú kǒu shí
颐④：贞吉。观颐，自求口实⑤。

tuàn yuē yí zhēn jí yǎng zhèng zé jí
《彖》曰：“颐，贞吉”，养正则吉

注释

① 豮豕之牙，吉：阉割后的猪性情温顺，它的牙齿不值得害怕，故吉祥。豮豕，阉割的猪。
② 何天之衢，亨：多么畅通的通天大路，亨通。衢，四通八达的大路。
③ 道大行也：道路通行无阻。
④ 颐：卦名，意为颐养。
⑤ 观颐，自求口实：考察颐养之道，要自己求得口中的食物。

yě　　guān yí　　guān qí suǒ yǎng yě　　zì qiú kǒu
也①。"观颐"，观其所养也②。"自求口

shí　　guān qí zì yǎng yě　　tiān dì yǎng wàn wù　　shèng
实"，观其自养也③。天地养万物，圣

rén yǎng xián yǐ jí wàn mín　　yí zhī shí dà yǐ zāi
人养贤以及万民④，颐之时大矣哉！

xiàng yuē　shān xià yǒu léi　yí　jūn zǐ yǐ
《象》曰：山下有雷，颐⑤。君子以

shèn yán yǔ　jié yǐn shí
慎言语，节饮食⑥。

chū jiǔ　shě ěr líng guī　guān wǒ duǒ yí　xiōng
初九：舍尔灵龟⑦，观我朵颐⑧，凶。

xiàng yuē　guān wǒ duǒ yí　yì bù zú guì yě
《象》曰："观我朵颐"，亦不足贵也。

liù èr　diān yí　fú jīng yú qiū yí　zhēng xiōng
六二：颠颐⑨，拂经于丘颐，征凶⑩。

xiàng yuē　liù èr　zhēng xiōng　xíng shī lèi yě
《象》曰：六二"征凶"，行失类也⑪。

注释

①"颐，贞吉"，养正则吉也：颐，守正吉祥，颐养守正就能获得吉祥。
②"观颐"，观其所养也：考察颐养，就是考察养生之道。
③"自求口实"，观其自养也：自己求得口中的食物，就是考察自己的养生之道。
④天地养万物，圣人养贤以及万民：天地养育万物，圣人养育贤人和人民。
⑤山下有雷，颐：山下有雷就是颐卦。
⑥君子以慎言语，节饮食：君子因此谨慎说话，节制饮食。
⑦舍尔灵龟：舍弃你灵验的神龟。灵龟，古代用龟甲占卜，故称龟为灵龟。
⑧观我朵颐：观看我鼓动腮颊吃东西。朵颐，鼓动腮颊嚼食物。
⑨颠颐：颠倒了颐养之道。
⑩拂经于丘颐，征凶：违背常理向高处求得颐养，前往必有灾害。拂，违背。经，常理，经常。丘，山丘，高处。
⑪行失类也：行为失去了准则。类，同类，准则。

liù sān fú yí zhēn xiōng shí nián wù yòng wú yōu lì
六三：拂颐，贞凶[①]，十年勿用，无攸利[②]。

xiàng yuē shí nián wù yòng dào dà bèi yě
《象》曰："十年勿用"，道大悖也[③]。

liù sì diān yí jí hǔ shì dān dān qí yù zhú zhú wú jiù
六四：颠颐，吉。虎视眈眈，其欲逐逐[④]，无咎。

xiàng yuē diān yí zhī jí shàng shī guāng yě
《象》曰："颠颐"之吉，上施光也[⑤]。

liù wǔ fú jīng jū zhēn jí bù kě shè dà chuān
六五：拂经，居贞吉[⑥]，不可涉大川。

xiàng yuē jū zhēn zhī jí shùn yǐ cóng shàng yě
《象》曰："居贞"之吉，顺以从上也[⑦]。

shàng jiǔ yóu yí lì jí lì shè dà chuān
上九：由颐，厉，吉[⑧]。利涉大川。

xiàng yuē yóu yí lì jí dà yǒu qìng yě
《象》曰："由颐厉吉"，大有庆也[⑨]。

注释

① 拂颐，贞凶：违背颐养之道，守正可以防止凶险。
② 十年勿用，无攸利：十年之内不可使用，没有利益。
③ 道大悖也：与道严重违背。悖，违背。
④ 眈眈：用眼紧盯着。逐逐：接连不断。
⑤ 上施光也：上位向下布施光明。
⑥ 拂经，居贞吉：违背常理，安居守正获得吉祥。居，安居，安静。
⑦ 顺以从上也：柔顺服从上位。
⑧ "由颐"句：顺从颐养之道，先有危险，后得吉祥。由，顺从。
⑨ 大有庆也：大有喜庆。

yì jīng shàng dà guò guà dì èr shí bā
易经上·大过卦第二十八

xùn xià duì shàng
䷛（巽下兑上）

dà guò dòng náo lì yǒu yōu wǎng hēng
大过①：栋桡②，利有攸往，亨。

tuàn yuē dà guò dà zhě guò yě dòng náo běn mò ruò yě gāng guò ér zhōng xùn ér yuè xíng lì yǒu yōu wǎng nǎi hēng dà guò zhī shí dà yǐ zāi
《彖》曰：大过，大者过也③。“栋桡”，本末弱也④。刚过而中，巽而说行⑤。“利有攸往”，乃亨。大过之时大矣哉！

xiàng yuē zé miè mù dà guò jūn zǐ yǐ
《象》曰：泽灭木，大过⑥。君子以

注释

① 大过：卦名，意为大有过失。
② 栋桡：栋梁弯曲。桡，弯曲。
③ 大者过也：刚大者易有过失。
④ 本末弱也：树干和树梢都太柔弱。本，树干。末，树梢。
⑤ 刚过而中，巽而说行：阳刚过甚应调和适中，驯顺又和悦地行动。巽，驯顺。说，即“悦”。
⑥ 泽灭木，大过：大泽淹没了树干，就是大过卦。灭，淹没。

dú lì bú jù dùn shì wú mèn
独立不惧，遁世无闷[1]。

chū liù jiè yòng bái máo wú jiù
初六：藉用白茅[2]，无咎。

xiàng yuē jiè yòng bái máo róu zài xià yě
《象》曰："藉用白茅"，柔在下也[3]。

jiǔ èr kū yáng shēng tí lǎo fū dé qí nǚ qī wú bú lì
九二：枯杨生稊，老夫得其女妻[4]，无不利。

xiàng yuē lǎo fū nǚ qī guò yǐ xiāng yǔ yě
《象》曰："老夫女妻"，过以相与也[5]。

jiǔ sān dòng náo xiōng
九三：栋桡，凶。

xiàng yuē dòng náo zhī xiōng bù kě yǐ yǒu fǔ yě
《象》曰："栋桡"之凶，不可以有辅也[6]。

注释

① 君子以独立不惧，遁世无闷：君子因此能够独立自主，毫无畏惧，隐遁避世也没有苦闷。

② 藉用白茅：祭祀时用洁白的茅草做铺垫。藉，铺垫。白茅，洁白的茅草。

③ 柔在下也：用柔软的白茅铺在下面。

④ 枯杨生稊，老夫得其女妻：干枯的杨树长出了嫩芽，老头子娶了个年幼的妻子。稊，嫩芽。女，柔弱，柔嫩。

⑤ 过以相与也：这样的结合大有过失。相与，相互结合。

⑥ 辅：帮助。

九四：栋隆，吉[1]。有它，吝[2]。

《象》曰："栋隆"之吉，不桡乎下也[3]。

九五：枯杨生华，老妇得其士夫，无咎无誉[4]。

《象》曰："枯杨生华"，何可久也？"老妇士夫"，亦可丑也[5]。

上六：过涉灭顶，凶，无咎[6]。

《象》曰："过涉"之凶，不可咎也。

杨

注释

① 栋隆，吉：栋梁隆起，吉祥。
② 有它，吝：有其它的过失，遗憾。
③ 不桡乎下也：不向下弯曲。
④ "枯杨生华"句：干枯的杨树开了花，老太太嫁得个年轻的丈夫，没有过错也没有荣誉。华，即"花"。士夫，年轻的丈夫。
⑤ "老妇士夫"，亦可丑也："老太太嫁得个年轻的丈夫"，也是丑陋的事情。
⑥ "过涉灭顶"句：渡河时淹没了头顶，有凶险，没有灾祸。

yì jīng shàng kǎn guà dì èr shí jiǔ

易经上·坎卦第二十九

kǎn xià kǎn shàng

䷜（坎下坎上）

xí kǎn yǒu fú wéi xīn hēng xíng yǒu shàng

习坎①：有孚②，维心亨，行有尚③。

tuàn yuē xí kǎn chóng xiǎn yě shuǐ liú ér bù yíng xíng xiǎn ér bù shī qí xìn wéi xīn hēng nǎi yǐ gāng zhōng yě xíng yǒu shàng wǎng yǒu gōng yě tiān xiǎn bù kě shēng yě dì xiǎn shān chuān qiū líng yě wáng gōng shè xiǎn yǐ shǒu qí guó xiǎn zhī shí yòng dà yǐ zāi

《彖》曰：习坎，重险也，水流而不盈④，行险而不失其信。“维心亨”，乃以刚中也⑤。“行有尚”，往有功也。天险，不可升也，地险，山川丘陵也⑥。王公设险以守其国。险之时用大矣哉。

注释

① 习坎：卦名，省称“坎”，重重危险。习，重复。

② 有孚：有诚信。

③ 维心亨，行有尚：内心亨通，出行能够得到尊崇。维，语气词。

④ “习坎”句：习坎，就是重重危险，就像水流进深沟里无法灌满。

⑤ 乃以刚中也：这是因为阳刚居于中位。

⑥ “天险”句：天险，不可以攀登，地险，如山、川、丘、陵（也无法逾越）。升，攀登。

《象》曰：水洊至，习坎[①]。君子以常德行，习教事[②]。

初六：习坎，入于坎窞[③]，凶。

《象》曰："习坎入坎"，失道凶也[④]。

九二：坎有险，求小得[⑤]。

《象》曰："求小得"，未出中也[⑥]。

六三：来之坎坎[⑦]，险且枕，入于坎窞，勿用[⑧]。

《象》曰："来之坎坎"，终无功也。

注释

① 水洊至，习坎：水再来，就是习坎卦。洊，再。

② 君子以常德行，习教事：君子用恒常的品德行事，熟习教化的事情。习，熟习。

③ 窞：深坑。

④ 失道凶也：失去正道，凶险。

⑤ 坎有险，求小得：沟坎中有危险，从小处寻求脱险必有所得。

⑥ 未出中也：没有超出中位。

⑦ 来之坎坎：来去都是沟坎。

⑧ 险且枕，入于坎窞，勿用：又险又深，进入深沟，不可有为。枕，即"沈"，深。

liù sì zūn jiǔ guǐ èr yòng fǒu nà yuē
六四：樽酒，簋贰①，用缶，纳约
zì yǒu zhōng wú jiù
自牖，终无咎②。

xiàng yuē zūn jiǔ guǐ èr gāng róu jì yě
《象》曰：“樽酒簋贰”，刚柔际也③。

jiǔ wǔ kǎn bù yíng chí jì píng wú jiù
九五：坎不盈，祇既平，无咎④。

xiàng yuē kǎn bù yíng zhōng wèi dà yě
《象》曰：“坎不盈”，中未大也⑤。

shàng liù xì yòng huī mò zhì yú cóng jí sān
上六：系用徽纆，置于丛棘⑥，三
suì bù dé xiōng
岁不得，凶⑦。

xiàng yuē shàng liù shī dào xiōng sān suì yě
《象》曰：上六失道，凶“三岁”也。

簋
盖有

注释

① 樽酒，簋贰：一杯酒，两筐饭。簋，盛食品的器皿。
② 用缶，纳约自牖，终无咎：用瓦罐从窗户送入、取出食品，最终没有灾祸。缶，瓦器。纳，送入。约，取出。牖，窗户。
③ 刚柔际也：处在阳刚和阴柔之间。
④ “坎不盈”句：沟坎不满，小丘已平，没有灾祸。祇，即“坻”，小丘。
⑤ 中未大也：虽居中位但未能发扬光大。
⑥ 系用徽纆，置于丛棘：用绳子捆绑放置于荆棘丛之中。系，捆绑。徽纆，绳索。
⑦ 三岁不得，凶：多年得不到解脱，凶险。三岁，多年。

yì jīng shàng lí guà dì sān shí
易经上·离卦第三十

lí xià lí shàng
䷝（离下离上）

lí lì zhēn hēng xù pìn niú jí
离[1]：利贞，亨[2]。畜牝牛，吉[3]。

tuàn yuē lí lì yě rì yuè lì hū tiān bǎi gǔ cǎo mù lì hū tǔ chóng míng yǐ lì hū zhèng nǎi huà chéng tiān xià róu lì hū zhōng zhèng gù hēng shì yǐ xù pìn niú jí yě
《彖》曰：离，丽也[4]。日月丽乎天，百谷草木丽乎土[5]。重明以丽乎正，乃化成天下[6]，柔丽乎中正[7]，故亨，是以"畜牝牛吉"也。

xiàng yuē míng liǎng zuò lí dà rén yǐ jì
《象》曰：明两作，离[8]。大人以继

注释

① 离：卦名，意为附着。
② 利贞，亨：利于守正，亨通。
③ 畜牝牛，吉：饲养母牛，吉祥。牝牛，母牛。
④ 丽：附丽，附着。
⑤ 日月丽乎天，百谷草木丽乎土：太阳和月亮附着在天上，各种粮食作物、草木附着在土地上。
⑥ 重明以丽乎正，乃化成天下：重叠的光明附着于中正之道，就能教化成就天下万物。
⑦ 柔丽乎中正：阴柔附着于中正之道。
⑧ 明两作，离：光明两次升起，就是离卦。作，兴起。

míng zhào yú sì fāng
明照于四方[1]。

chū jiǔ lǚ cuò rán jìng zhī wú jiù
初九：履错然[2]，敬之无咎[3]。

xiàng yuē lǚ cuò zhī jìng yǐ bì jiù yě
《象》曰："履错"之敬，以辟咎也[4]。

liù èr huáng lí yuán jí
六二：黄离，元吉[5]。

xiàng yuē huáng lí yuán jí dé zhōng dào yě
《象》曰："黄离元吉"，得中道也[6]。

jiǔ sān rì zè zhī lí bù gǔ fǒu ér gē
九三：日昃之离[7]，不鼓缶而歌，

zé dà dié zhī jiē xiōng
则大耋之嗟[8]，凶。

xiàng yuē rì zè zhī lí hé kě jiǔ yě
《象》曰："日昃之离"，何可久也。

注释

① 大人以继明照于四方：大人用连续不断的光明照耀四方。继明，连续不断的光明。

② 履错然：刚开始做事手脚忙乱。履，脚步。错然，杂错的样子。

③ 敬之无咎：恭敬地从事，没有灾祸。

④ 以辟咎也：用来躲避灾祸。辟，即"避"。

⑤ 黄离，元吉：黄色附着于物，大吉。

⑥ 得中道也：得到了中正之道。

⑦ 日昃之离：太阳偏西，附着在天边。日昃，太阳偏西。

⑧ 不鼓缶而歌，则大耋之嗟：如不击缶唱歌的话，就会有年老的感叹。鼓，敲击。缶，瓦器。秦人用作打击乐器。大耋，年老。

jiǔ sì tū rú qí lái rú fén rú sǐ rú qì rú

九四：突如其来如，焚如，死如，弃如[①]。

xiàng yuē tū rú qí lái rú wú suǒ róng yě

《象》曰："突如其来如"，无所容也[②]。

liù wǔ chū tì tuó ruò qī jiē ruò jí

六五：出涕沱若，戚嗟若，吉[③]。

xiàng yuē liù wǔ zhī jí lí wáng gōng yě

《象》曰：六五之吉，离王公也[④]。

shàng jiǔ wáng yòng chū zhēng yǒu jiā zhé shǒu huò fěi qí chǒu wú jiù

上九：王用出征，有嘉折首[⑤]，获匪其丑，无咎[⑥]。

xiàng yuē wáng yòng chū zhēng yǐ zhèng bāng yě huò fěi qí chǒu dà yǒu gōng yě

《象》曰："王用出征"，以正邦也。"获匪其丑"，大有功也。

注释

① "突如其来如"句：敌人突然来到，焚烧，杀人，抛弃。如，语气词。

② 无所容也：没有容纳的地方。

③ "出涕沱若"句：流出的眼泪像下雨一样，忧伤又感叹，吉祥。沱，泪流得像下雨一样。若，语气词。戚，忧伤。

④ 离王公也：附着于王公大人。

⑤ 王用出征，有嘉折首：君王用此率兵出征，可以获得好处，斩敌首级。

⑥ 获匪其丑，无咎：俘获不和他亲附的一类人，没有过错。丑，类。

易经下·咸卦第三十一

䷞（艮下兑上）

咸[1]：亨，利贞，取女吉[2]。

《彖》曰：咸，感也。柔上而刚下，二气感应以相与[3]，止而说，男下女[4]，是以“亨利贞，取女吉”也。天地感而万物化生，圣人感人心而天下和平[5]。观其所感，而天地万物之情可

注释

① 咸：卦名，意为交相感应。
② 取女吉：娶妻吉祥。取，即“娶”。
③ 柔上而刚下，二气感应以相与：阴柔在上位，阳刚在下位，阴阳二气相互感应，相互亲近。
④ 止而说，男下女：安静又喜悦，男子下求女子。止，安静。说，即“悦”。
⑤ “天地感而万物化生”句：天地感应，万物就生长；圣人感化人心，天下就太平。

jiàn yǐ
见矣①！

xiàng yuē shān shàng yǒu zé xián jūn zǐ yǐ
《象》曰：山上有泽，咸②。君子以

xū shòu rén
虚受人③。

chū liù xián qí mǔ
初六：咸其拇④。

xiàng yuē xián qí mǔ zhì zài wài yě
《象》曰："咸其拇"，志在外也⑤。

liù èr xián qí féi xiōng jū jí
六二：咸其腓，凶⑥。居吉。

xiàng yuē suī xiōng jū jí shùn bú hài yě
《象》曰：虽"凶居吉"，顺不害也⑦。

jiǔ sān xián qí gǔ zhí qí suí wǎng lìn
九三：咸其股，执其随，往吝⑧。

xiàng yuē xián qí gǔ yì bù chǔ yě
《象》曰："咸其股"，亦不处也⑨。

注释

① 观其所感，而天地万物之情可见矣：观察感化的现象，天地万物的变化情况就可以知道了。
② 山上有泽，咸：山上有大泽就是咸卦。
③ 君子以虚受人：君子用谦虚的胸怀容纳别人。
④ 咸其拇：交感在脚拇指上。拇，脚拇指。
⑤ 志在外也：志向在外面。
⑥ 咸其腓，凶：交感在小腿肚上，凶险。腓，小腿肚。
⑦ 顺不害也：柔顺就不会有祸害。
⑧ "咸其股"句：交感在大腿上，执意追随，前往必有遗憾。股，大腿。执，执意。随，追随。
⑨ 处：安居。

zhì zài suí rén suǒ zhí xià yě
志在随人，所执下也[1]。

jiǔ sì zhēn jí huǐ wáng chōng chōng wǎng lái
九四：贞吉，悔亡[2]。憧憧往来，
péng cóng ěr sī
朋从尔思[3]。

xiàng yuē zhēn jí huǐ wáng wèi gǎn hài
《象》曰："贞吉悔亡"，未感害
yě chōng chōng wǎng lái wèi guāng dà yě
也[4]。"憧憧往来"，未光大也[5]。

jiǔ wǔ xián qí méi wú huǐ
九五：咸其脢，无悔[6]。

xiàng yuē xián qí méi zhì mò yě
《象》曰："咸其脢"，志末也[7]。

shàng liù xián qí fǔ jiá shé
上六：咸其辅颊舌[8]。

xiàng yuē xián qí fǔ jiá shé téng kǒu shuō yě
《象》曰："咸其辅颊舌"，滕口说也[9]。

注释

① 所执下也：其志向是卑下的。所执，指志向。
② 贞吉，悔亡：守正吉祥，悔恨消亡。
③ 憧憧往来，朋从尔思：往来不定，朋友顺从你的心思。憧憧，往来不定的样子。
④ 未感害也：没有因交感而受害。
⑤ 未光大也：还没有发扬光大。
⑥ 咸其脢，无悔：交感在脊背肉上，没有悔恨。脢，脊背肉。
⑦ 志末也：是志向的末流。
⑧ 咸其辅颊舌：交感在口头语言上。辅，牙床。颊，面颊。牙床、面颊、舌头皆指口头语言。
⑨ 滕口说也：众口喧腾地说说而已。滕，即"腾"。

yì jīng xià héng guà dì sān shí èr

易经下·恒卦第三十二

xùn xià zhèn shàng

䷟（巽下震上）

héng hēng wú jiù lì zhēn lì yǒu yōu wǎng

恒[1]：亨，无咎，利贞，利有攸往[2]。

tuàn yuē héng jiǔ yě gāng shàng ér róu xià léi fēng xiāng yǔ xùn ér dòng gāng róu jiē yìng héng héng hēng wú jiù lì zhēn jiǔ yú qí dào yě tiān dì zhī dào héng jiǔ ér bù yǐ yě lì yǒu yōu wǎng zhōng zé yǒu shǐ yě rì yuè dé tiān ér néng jiǔ zhào sì shí biàn huà ér néng jiǔ chéng shèng rén jiǔ yú

《彖》曰：恒，久也。刚上而柔下，雷风相与，巽而动，刚柔皆应[3]，恒。“恒：亨，无咎，利贞”，久于其道也[4]。天地之道，恒久而不已也[5]。“利有攸往”，终则有始也[6]。日月得天而能久照，四时变化而能久成，圣人久于

注释

① 恒：卦名，意为恒久。
② 利有攸往：利于有所前往。
③ “刚上而柔下”句：阳刚在上位阴柔在下位，雷和风相互参与，顺应自然行动，阳刚和阴柔都相应。
④ 久于其道也：长久地保持正道。
⑤ 天地之道，恒久而不已也：天地之道长久运行，永不停止。
⑥ 终则有始也：终了之后就有了开始。

qí dào ér tiān xià huà chéng guān qí suǒ héng ér tiān dì
其道而天下化成①。观其所恒，而天地

wàn wù zhī qíng kě jiàn yǐ
万物之情可见矣②。

xiàng yuē léi fēng héng jūn zǐ yǐ lì bú
《象》曰：雷风，恒③。君子以立不

yì fāng
易方④。

chū liù jùn héng zhēn xiōng wú yōu lì
初六：浚恒，贞凶，无攸利⑤。

xiàng yuē jùn héng zhī xiōng shǐ qiú shēn yě
《象》曰："浚恒"之凶，始求深也⑥。

jiǔ èr huǐ wáng
九二：悔亡⑦。

xiàng yuē jiǔ èr huǐ wáng néng jiǔ zhōng yě
《象》曰：九二"悔亡"，能久中也⑧。

jiǔ sān bù héng qí dé huò chéng zhī xiū zhēn lìn
九三：不恒其德，或承之羞，贞吝⑨。

注释

① "日月得天而能久照"句：太阳和月亮依照自然法则运行就能长久照耀，四季变化发展就能长久成就万物，圣人长久坚持他的道德天下就能被感化而有所成就。

② "观其所恒"句：观察一切恒久的事物，天地万物的情况就可以看出来了。

③ 雷风，恒：打雷刮风，就是恒卦。

④ 君子以立不易方：君子立身处世不改变自己的道德方向。方，这里指道。

⑤ "浚恒"句：长时间深挖水沟，守正防凶，没有利益。浚，挖深水沟。

⑥ 始求深也：开始的时候就寻求过深。

⑦ 悔亡：悔恨消亡。

⑧ 能久中也：能够长久地处于中正之位。

⑨ "不恒其德"句：不能恒久地坚持美德，就有人施加羞辱，只有守正才能没有遗憾。或，有人。承，施加。

xiàng yuē bù héng qí dé wú suǒ róng yě

《象》曰："不恒其德"，无所容也[1]。

jiǔ sì tián wú qín

九四：田无禽[2]。

xiàng yuē jiǔ fēi qí wèi ān dé qín yě

《象》曰：久非其位，安得禽也[3]。

liù wǔ héng qí dé zhēn fù rén jí fū zǐ xiōng

六五：恒其德，贞[4]，妇人吉，夫子凶[5]。

xiàng yuē fù rén zhēn jí cóng yī ér zhōng yě fū zǐ zhì yì cóng fù xiōng yě

《象》曰："妇人贞吉"，从一而终也[6]。夫子制义，从妇凶也[7]。

shàng liù zhèn héng xiōng

上六：振恒，凶[8]。

xiàng yuē zhèn héng zài shàng dà wú gōng yě

《象》曰："振恒"在上，大无功也[9]。

注释

① 无所容也：将无处容身。

② 田无禽：打猎没有获得禽兽。田，田猎，打猎。

③ 久非其位，安得禽也：长久占据不适当的位置，怎么能获得禽兽呢?

④ 恒其德，贞：恒久地保持美德，守正。

⑤ 妇人吉，夫子凶：妇人吉祥，丈夫凶险。

⑥ 妇人贞吉，从一而终也：妇人守正吉祥，顺从一个丈夫终了一生。

⑦ 夫子制义，从妇凶也：丈夫应该断定大事，如果听从妇人的就会有凶险。制义，制定事理，判断是非。

⑧ 振恒，凶：长时间震动，凶险。振，震动。

⑨ 大无功也：没有丝毫功劳。

易经下·遁卦第三十三

_{gèn xià qián shàng}
☰（艮下乾上）

_{dùn hēng xiǎo lì zhēn}
遁①：亨，小利贞②。

_{tuàn yuē dùn hēng dùn ér hēng yě}
《彖》曰："遁：亨"，遁而亨也。

_{gāng dāng wèi ér yìng yǔ shí xíng yě xiǎo lì zhēn}
刚当位而应，与时行也③。"小利贞"，

_{jìn ér zhǎng yě dùn zhī shí yì dà yǐ zāi}
浸而长也④。遁之时义大矣哉！

_{xiàng yuē tiān xià yǒu shān dùn jūn zǐ yǐ}
《象》曰：天下有山，遁⑤。君子以

_{yuǎn xiǎo rén bú wù ér yán}
远小人，不恶而严⑥。

_{chū liù dùn wěi lì wù yòng yǒu yōu wǎng}
初六：遁尾，厉⑦，勿用有攸往⑧。

注释

① 遁：卦名，意为隐遁。
② 小利贞：小事上有利于守正。
③ 刚当位而应，与时行也：阳刚正当尊位而能与下位相应，顺时势而行。
④ 浸而长也：缓慢地成长。浸，缓慢，渐渐地。
⑤ 天下有山，遁：天的下面有山，就是遁卦。
⑥ 君子以远小人，不恶而严：君子因此远离小人，不表示厌恶也能显示自己的
　威严。恶，厌恶。
⑦ 遁尾，厉：隐遁时落在了末尾，有危险。尾，末尾。
⑧ 勿用有攸往：不应有所前往。

xiàng yuē dùn wěi zhī lì bù wǎng hé zāi yě
《象》曰：“遁尾”之厉，不往何灾也[1]？

liù èr zhí zhī yòng huáng niú zhī gé mò zhī shèng tuō
六二：执之用黄牛之革，莫之胜说[2]。

xiàng yuē zhí yòng huáng niú gù zhì yě
《象》曰：“执用黄牛”，固志也[3]。

jiǔ sān xì dùn yǒu jí lì xù chén qiè jí
九三：系遁，有疾厉[4]。畜臣妾，吉[5]。

xiàng yuē xì dùn zhī lì yǒu jí bèi yě xù chén qiè jí bù kě dà shì yě
《象》曰：“系遁”之厉，有疾惫也[6]。“畜臣妾吉”，不可大事也[7]。

jiǔ sì hào dùn jūn zǐ jí xiǎo rén pǐ
九四：好遁，君子吉，小人否[8]。

xiàng yuē jūn zǐ hào dùn xiǎo rén pǐ yě
《象》曰：君子“好遁”，“小人否”也。

注释

① 不往何灾也：不前往又会有什么灾祸呢？

② 执之用黄牛之革，莫之胜说：用黄牛皮做成的皮带束缚住，没有谁能够解脱。执，捆绑。革，皮。莫，没有人。说，即“脱”。

③ 固志也：志向无比坚固。

④ 系遁，有疾厉：有羁绊而无法隐遁，有疾病危险。系，羁绊。

⑤ 畜臣妾，吉：蓄养男女奴隶，吉祥。臣，男奴隶。妾，女奴隶。

⑥ 有疾惫也：有疾病，太疲乏。

⑦ 不可大事也：不可以做大事。

⑧ “好遁”句：喜好隐遁，君子吉祥，小人却有险恶。否，恶。

jiǔ wǔ jiā dùn zhēn jí
九五：嘉遁，贞吉①。

xiàng yuē jiā dùn zhēn jí yǐ zhèng zhì yě
《象》曰："嘉遁贞吉"，以正志也②。

shàng jiǔ féi dùn wú bú lì
上九：肥遁，无不利③。

xiàng yuē féi dùn wú bú lì wú suǒ yí yě
《象》曰："肥遁，无不利"，无所疑也④。

注释

① 嘉遁，贞吉：美好的隐遁，守正吉祥。
② 以正志也：用来端正志向。
③ 肥遁，无不利：远走高飞隐遁山林，没有不利的。肥，即"飞"。
④ 无所疑也：是毫不犹豫的。疑，犹豫。

yì jīng xià dà zhuàng guà dì sān shí sì

易经下·大壮卦第三十四

qián xià zhèn shàng

䷡（乾下震上）

dà zhuàng lì zhēn

大壮[1]：利贞。

tuàn yuē dà zhuàng dà zhě zhuàng yě gāng

《彖》曰：大壮，大者壮也[2]。刚

yǐ dòng gù zhuàng dà zhuàng lì zhēn dà zhě zhèng

以动，故壮[3]。“大壮：利贞”，大者正

yě zhèng dà ér tiān dì zhī qíng kě jiàn yǐ

也[4]。正大而天地之情可见矣[5]！

xiàng yuē léi zài tiān shàng dà zhuàng jūn

《象》曰：雷在天上，大壮[6]。君

zǐ yǐ fēi lǐ fú lǚ

子以非礼弗履[7]。

chū jiǔ zhuàng yú zhǐ zhēng xiōng yǒu fú

初九：壮于趾，征凶，有孚[8]。

注释

① 大壮：卦名，意为刚大强壮。
② 大者壮也：大就是强壮。
③ 刚以动，故壮：阳刚又运动，因此强壮。
④ 大者正也：大就是守正。
⑤ 正大而天地之情可见矣：守正强壮，天地的情况就可以知道了。
⑥ 雷在天上，大壮：雷在天上震动，就是大壮卦。
⑦ 君子以非礼弗履：君子因为事情不符合礼节就不践行。履，践行。
⑧ “壮于趾”句：强壮在脚趾上，出征必有凶险，只有用诚信相守。孚，诚信。

xiàng yuē zhuàng yú zhǐ qí fú qióng yě
《象》曰："壮于趾"，其孚穷也[①]。

jiǔ èr zhēn jí
九二：贞吉。

xiàng yuē jiǔ èr zhēn jí yǐ zhōng yě
《象》曰：九二"贞吉"，以中也[②]。

jiǔ sān xiǎo rén yòng zhuàng jūn zǐ yòng wǎng zhēn lì dī yáng chù fān léi qí jiǎo
九三：小人用壮，君子用罔，贞厉[③]。羝羊触藩，羸其角[④]。

xiàng yuē xiǎo rén yòng zhuàng jūn zǐ wǎng yě
《象》曰："小人用壮"，君子罔也。

jiǔ sì zhēn jí huǐ wáng fān jué bù léi zhuàng yú dà yú zhī fù
九四：贞吉，悔亡。藩决不羸，壮于大舆之輹[⑤]。

xiàng yuē fān jué bù léi shàng wǎng yě
《象》曰："藩决不羸"，尚往也[⑥]。

liù wǔ sàng yáng yú yì wú huǐ
六五：丧羊于易，无悔[⑦]。

注释

① 其孚穷也：他的诚信穷尽了。
② 以中也：因为处在中位。
③ "小人用壮"句：小人使用强壮，君子不用强壮，守正防止凶险。罔，无。
④ 羝羊触藩，羸其角：公羊用羊角抵触藩篱，它的角被缠绕住。羝羊，公羊。羸，缠绕。
⑤ 藩决不羸，壮于大舆之輹：藩篱被冲破，没有缠住羊角，比大车的车輹还要强壮。决，破。輹，车輹，车子下面勾住车轴的木制机关。
⑥ 尚往也：崇尚前往。
⑦ 丧羊于易，无悔：在田畔丢了羊，没有悔恨。易，即"埸"，田畔。

xiàng yuē sàng yáng yú yì wèi bú dàng yě
《象》曰：“丧羊于易”①，位不当也。

shàng liù dī yáng chù fān bù néng tuì bù néng suì wú yōu lì jiān zé jí
上六：羝羊触藩，不能退，不能遂②，无攸利，艰则吉③。

xiàng yuē bù néng tuì bù néng suì bù xiáng yě jiān zé jí jiù bù cháng yě
《象》曰：“不能退，不能遂”，不详也④。“艰则吉”，咎不长也⑤。

注释

① 易：即“埸”，田畔。
② 不能退，不能遂：不能退，也不能进。遂，进。
③ 无攸利，艰则吉：无所利益，在艰难中获得吉祥。
④ 详：即“祥”。
⑤ 咎不长也：灾祸不可长久。

易经下·晋卦第三十五

䷢（坤下离上）

晋[①]：康侯用锡马蕃庶，昼日三接[②]。

《彖》曰：晋，进也，明出地上[③]。顺而丽乎大明，柔进而上行[④]，是以“康侯用锡马蕃庶，昼日三接”也。

《象》曰：明出地上，晋[⑤]。君子以自昭明德[⑥]。

注释

① 晋：卦名，意为进。

② 康侯用锡马蕃庶，昼日三接：尊贵的侯王被赐予很多车马，一天被接见三次。康，尊贵。锡，即“赐”。蕃庶，众多。

③ 明出地上：光明出现在地面。

④ 顺而丽乎大明，柔进而上行：柔顺而附着在太阳上，柔顺前进并向上运行。大明，指太阳。

⑤ 明出地上，晋：光明出现在地上，就是晋卦。

⑥ 君子以自昭明德：君子因此自己昭显光明的德行。

chū liù jìn rú cuī rú zhēn jí wǎng fú yù wú jiù

初六：晋如摧如，贞吉[1]。罔孚，裕无咎[2]。

xiàng yuē jìn rú cuī rú dú xíng zhèng yě yù wú jiù wèi shòu mìng yě

《象》曰："晋如摧如"，独行正也[3]。"裕无咎"，未受命也[4]。

liù èr jìn rú chóu rú zhēn jí shòu zī jiè fú yú qí wáng mǔ

六二：晋如愁如，贞吉[5]。受兹介福，于其王母[6]。

xiàng yuē shòu zī jiè fú yǐ zhōng zhèng yě

《象》曰："受兹介福"，以中正也[7]。

liù sān zhòng yǔn huǐ wáng

六三：众允，悔亡[8]。

xiàng yuē zhòng yǔn zhī zhì shàng xíng yě

《象》曰："众允"之，志上行也[9]。

注释

① 晋如摧如，贞吉：前进受到摧折，守正吉祥。如，语气词。
② 罔孚，裕无咎：不被人信任，宽缓不急就没有灾祸。裕，宽缓。
③ 独行正也：独自实行正道。
④ 未受命也：没有接到命令。
⑤ 晋如愁如，贞吉：前进时会遇到忧愁，守正吉祥。愁，忧愁。
⑥ 受兹介福，于其王母：受到这么大的福气，来自他的祖母。介福，大福。于其，由其，来自。王母，祖母。
⑦ 以中正也：因为居中守正。
⑧ 众允，悔亡：得到众人的信任，后悔消亡。允，信任。
⑨ 上行：向上运行。

jiǔ sì jìn rú shí shǔ zhēn lì
九四：晋如鼫鼠，贞厉[①]。

xiàng yuē shí shǔ zhēn lì wèi bú dàng yě
《象》曰："鼫鼠贞厉"，位不当也[②]。

liù wǔ huǐ wáng shī dé wù xù wǎng jí wú bú lì
六五：悔亡，失得勿恤[③]，往吉，无不利。

xiàng yuē shī dé wù xù wǎng yǒu qìng yě
《象》曰："失得勿恤"，往有庆也[④]。

shàng jiǔ jìn qí jiǎo wéi yòng fá yì lì jí wú jiù zhēn lìn
上九：晋其角，维用伐邑[⑤]，厉吉，无咎，贞吝。

xiàng yuē wéi yòng fá yì dào wèi guāng yě
《象》曰："维用伐邑"，道未光也[⑥]。

注释

① 晋如鼫鼠，贞厉：前进时如同鼫鼠，守正防止危险。鼫鼠，鼠类动物。
② 位不当也：位置不适当。
③ 悔亡，失得勿恤：悔恨消亡，不要忧虑得失。失得，即得失。恤，忧虑。
④ 往有庆也：前往必有喜庆。
⑤ 晋其角，维用伐邑：前进就较量，考虑用兵攻城邑。角，较量。维，考虑。
⑥ 道未光也：前进之道没有光大。

鼠

yì jīng xià míng yí guà dì sān shí liù

易经下·明夷卦第三十六①

lí xià kūn shàng

䷣（离下坤上）

míng yí lì jiān zhēn

明夷：利艰贞②。

tuàn yuē míng rù dì zhōng míng yí nèi wén míng ér wài róu shùn yǐ méng dà nàn wén wáng sì zhī lì jiān zhēn huì qí míng yě nèi nàn ér néng zhèng qí zhì jī zǐ sì zhī

《彖》曰：明入地中，明夷③。内文明而外柔顺，以蒙大难，文王以之④。“利艰贞”，晦其明也⑤，内难而能正其志，箕子以之⑥。

xiàng yuē míng rù dì zhōng míng yí jūn zǐ

《象》曰：明入地中，明夷。君子

注释

① 明夷：卦名，意为光明受到遮蔽。夷，即“痍”，伤。

② 利艰贞：利于在艰难中守正。

③ 明入地中，明夷：光明进入地中，就是光明受到遮蔽。

④ “内文明而外柔顺”句：内在文采显明而外在柔顺，如此蒙受大的灾难，周文王的遭遇就与此相似。以，即“似”，类似。

⑤ 晦其明也：隐晦他的光明。

⑥ 内难而能正其志，箕子以之：在内陷入灾难却能端正自己的志向，箕子的遭遇正与此相似。

yǐ lì zhòng yòng huì ér míng
以莅众，用晦而明①。

chū jiǔ míng yí yú fēi chuí qí yì jūn zǐ yú xíng sān rì bù shí yǒu yōu wǎng zhǔ rén yǒu yán
初九：明夷于飞，垂其翼②。君子于行，三日不食③。有攸往，主人有言④。

xiàng yuē jūn zǐ yú xíng yì bù shí yě
《象》曰："君子于行"，义不食也⑤。

liù èr míng yí yí yú zuǒ gǔ yòng zhěng mǎ zhuàng jí
六二：明夷，夷于左股⑥，用拯马壮，吉⑦。

xiàng yuē liù èr zhī jí shùn yǐ zé yě
《象》曰：六二之吉，顺以则也。

jiǔ sān míng yí yú nán shòu dé qí dà shǒu bù kě jí zhēn
九三：明夷于南狩，得其大首⑧，不可疾，贞⑨。

注释

① 君子以莅众，用晦而明：君子治理人民，使用隐晦的方法却更加光明。莅，临，治理。
② 明夷于飞，垂其翼：光明被遮蔽时向外飞，低垂着翅膀。夷，即"痍"。
③ 君子于行，三日不食：君子外出，三天没有吃东西。
④ 有攸往，主人有言：有所前往，必受主人责怪。言，责怪。
⑤ 义不食也：按照道义没有吃东西。
⑥ 夷于左股：伤在左大腿上。
⑦ 用拯马壮，吉：用好马拯救，恢复强壮，吉祥。
⑧ 明夷于南狩，得其大首：光明被遮蔽之时向南出征，俘获了首恶元凶。南狩，向南出征。大首，元凶。
⑨ 不可疾，贞：不可操之过急，应该坚持守正。疾，即"急"。

xiàng yuē nán shòu zhī zhì nǎi dà dé yě
《象》曰："南狩"之志，乃大得也①。

liù sì rù yú zuǒ fù huò míng yí zhī xīn
六四：入于左腹②，获明夷之心③，

yú chū mén tíng
于出门庭④。

xiàng yuē rù yú zuǒ fù huò xīn yì yě
《象》曰："入于左腹"，获心意也。

liù wǔ jī zǐ zhī míng yí lì zhēn
六五：箕子之明夷，利贞⑤。

xiàng yuē jī zǐ zhī zhēn míng bù kě xī yě
《象》曰：箕子之贞，明不可息也⑥。

shàng liù bù míng huì chū dēng yú tiān hòu rù
上六：不明，晦，初登于天，后入

yú dì
于地⑦。

xiàng yuē chū dēng yú tiān zhào sì guó yě
《象》曰："初登于天"，照四国也⑧。

hòu rù yú dì shī zé yě
"后入于地"，失则也⑨。

注释

①"南狩"之志，乃大得也：有向南出征的志向，就有大的收获。

②入于左腹：进入左边的腹地。腹，腹地。

③获明夷之心：获悉光明被遮蔽的内情。夷，即"痍"。心，内情。

④于出门庭：走出门庭。于，语气词。

⑤箕子之明夷，利贞：箕子的光明被遮蔽，利于守正。

⑥箕子之贞，明不可息也：箕子的守正，说明光明最终是不可以被熄灭的。息，即"熄"。

⑦初登于天，后入于地：最初登上了天，最后坠落到地上。

⑧照四国也：照耀四方各国。

⑨失则也：失去了准则。

yì jīng xià jiā rén guà dì sān shí qī
易经下·家人卦第三十七

lí xià xùn shàng
䷤（离下巽上）

jiā rén lì nǚ zhēn
家人[①]：利女贞[②]。

tuàn yuē jiā rén nǚ zhèng wèi hū nèi nán
《彖》曰：家人，女正位乎内，男
zhèng wèi hū wài nán nǚ zhèng tiān dì zhī dà yì yě
正位乎外[③]。男女正，天地之大义也[④]。
jiā rén yǒu yán jūn yān fù mǔ zhī wèi yě fù fù
家人有严君焉，父母之谓也[⑤]。父父，
zǐ zǐ xiōng xiōng dì dì fū fū fù fù ér jiā
子子，兄兄，弟弟，夫夫，妇妇，而家
dào zhèng zhèng jiā ér tiān xià dìng yǐ
道正[⑥]，正家而天下定矣[⑦]。

注释

① 家人：卦名，意为一家人。
② 利女贞：利于女子守正。
③ 女正位乎内，男正位乎外：女子在家内居于正位，男子在家外居于正位。
④ 男女正，天地之大义也：男女位置正确是天地之间最大的节义。
⑤ 家人有严君焉，父母之谓也：一家人中有威严的家长，说的就是父母。
⑥ “父父”句：父亲像父亲的样子，儿子像儿子的样子，哥哥像哥哥的样子，弟弟像弟弟的样子，丈夫像丈夫的样子，妻子像妻子的样子，家庭的道德就能端正。
⑦ 正家而天下定矣：端正了家庭的道德，天下就可以安定了。

xiàng yuē fēng zì huǒ chū jiā rén jūn zǐ yǐ yán yǒu wù ér xíng yǒu héng

《象》曰：风自火出，家人①。君子以言有物而行有恒②。

chū jiǔ xián yǒu jiā huǐ wáng

初九：闲有家，悔亡③。

xiàng yuē xián yǒu jiā zhì wèi biàn yě

《象》曰："闲有家"，志未变也④。

liù èr wú yōu suì zài zhōng kuì zhēn jí

六二：无攸遂，在中馈，贞吉⑤。

xiàng yuē liù èr zhī jí shùn yǐ xùn yě

《象》曰：六二之吉，顺以巽也。

jiǔ sān jiā rén hè hè huǐ lì jí fù zǐ xī xī zhōng lìn

九三：家人嗃嗃，悔厉，吉⑥。妇子嘻嘻，终吝⑦。

xiàng yuē jiā rén hè hè wèi shī yě

《象》曰："家人嗃嗃"，未失也⑧。

注释

① 风自火出，家人：风从火中产生，就是家人卦。

② 君子以言有物而行有恒：君子因此说话有内容，做事有恒心。

③ 闲有家，悔亡：在家里注意防止邪恶，悔恨才能消亡。闲，预防。

④ 志未变也：志向没有改变。

⑤ "无攸遂"句：没有成就，在家中做饭，守正吉祥。遂，成。中馈，家中做饭。

⑥ "家人嗃嗃"句：家人发出愁怨之声，虽有悔恨和危险，但最终获得吉祥。嗃嗃，愁怨之声。

⑦ 妇子嘻嘻，终吝：妇女、小孩成天嘻嘻闹闹，最终会有遗憾。

⑧ 未失也：没有失去礼节。

“妇子嘻嘻”，失家节也[1]。

六四：富家，大吉[2]。

《象》曰：“富家大吉”，顺在位也[3]。

九五：王假有家，勿恤，吉[4]。

《象》曰：“王假有家”，交相爱也[5]。

上九：有孚威如，终吉[6]。

《象》曰：“威如”之吉，反身之谓也[7]。

注释

① 失家节也：失去了家庭礼节。

② 富家，大吉：使一家人有福，大吉。富，即“福”。

③ 顺在位也：顺从于在尊位者。

④ “王假有家”句：王感化了一家人，不用忧虑，吉祥。假，即“格”，感格，感化。

⑤ 交相爱也：相互亲爱。

⑥ 有孚威如，终吉：有诚信，有威严，最终获得吉祥。

⑦ 反身之谓也：说的就是反省自身。

yì jīng xià · kuí guà dì sān shí bā

易经下·睽卦第三十八

duì xià lí shàng

䷥（兑下离上）

kuí xiǎo shì jí

睽[①]：小事吉[②]。

tuàn yuē kuí huǒ dòng ér shàng zé dòng ér xià èr nǚ tóng jū qí zhì bù tóng xíng yuè ér lì hū míng róu jìn ér shàng xíng dé zhōng ér yìng hū gāng shì yǐ xiǎo shì jí tiān dì kuí ér qí shì tóng yě nán nǚ kuí ér qí zhì tōng yě wàn wù kuí ér qí shì lèi yě kuí zhī shí yòng dà yǐ zāi

《彖》曰：睽，火动而上，泽动而下[③]，二女同居，其志不同行[④]。说而丽乎明，柔进而上行，得中而应乎刚[⑤]，是以“小事吉”。天地睽而其事同也，男女睽而其志通也，万物睽而其事类也[⑥]。睽之时用大矣哉！

注释

① 睽：卦名，意为乖离。

② 小事吉：遇小事吉祥。

③ 睽，火动而上，泽动而下：乖离，火焰运动向上，大泽运动向下。

④ 二女同居，其志不同行：两个女子同居一屋，她们的志向不相同。

⑤ 说而丽乎明，柔进而上行，得中而应乎刚：和悦地附着光明，柔顺地前进又要向上运行，得居中位又和阳刚相呼应。说，即“悦”。

⑥ “天地睽而其事同也”句：天地乖离然而化育万物却是相同的，男女乖离然而生男育女的心志却是相通的，万物乖离然而都受阴阳二气而生却是类似的。

《象》曰：上火下泽，睽①。君子以同而异②。

初九：悔亡③，丧马勿逐，自复④。见恶人，无咎⑤。

《象》曰："见恶人"，以辟咎也⑥。

九二：遇主于巷，无咎⑦。

《象》曰："遇主于巷"，未失道也⑧。

六三：见舆曳，其牛掣⑨，其人天且劓⑩。无初有终⑪。

注释

① 上火下泽，睽：上位是火下位是泽，就是睽卦。
② 君子以同而异：君子求同存异。
③ 悔亡：悔恨消亡。
④ 丧马勿逐，自复：马走失了不要去追，它会自己返回。
⑤ 见恶人，无咎：看到恶人不用害怕，没有灾祸。
⑥ 以辟咎也：用来避祸。辟，即"避"。
⑦ 遇主于巷，无咎：在小巷中遇到主人，没有灾祸。
⑧ 未失道也：没有失去正道。
⑨ 见舆曳，其牛掣：看见拉车的，他的牛受到牵制。曳，拉。掣，牵制。
⑩ 天：古代在额上刺字的刑罚。劓：古代割鼻子的刑罚。
⑪ 无初有终：开始不顺，最终平安。

xiàng yuē jiàn yú yè wèi bú dàng yě
《象》曰："见舆曳"，位不当也。

wú chū yǒu zhōng yù gāng yě
"无初有终"，遇刚也[1]。

jiǔ sì kuí gū yù yuán fū jiāo fú lì wú jiù
九四：睽孤，遇元夫，交孚，厉无咎[2]。

xiàng yuē jiāo fú wú jiù zhì xíng yě
《象》曰："交孚无咎"，志行也[3]。

liù wǔ huǐ wáng jué zōng shì fū wǎng hé jiù
六五：悔亡，厥宗噬肤，往何咎[4]？

xiàng yuē jué zōng shì fū wǎng yǒu qìng yě
《象》曰："厥宗噬肤"，往有庆也。

shàng jiǔ kuí gū jiàn shǐ fù tú zài guǐ yì chē
上九：睽孤，见豕负涂，载鬼一车[5]。

xiān zhāng zhī hú hòu tuō zhī hú fěi kòu hūn gòu
先张之弧，后说之弧[6]，匪寇，婚媾。

wǎng yù yǔ zé jí
往遇雨则吉。

xiàng yuē yù yǔ zhī jí qún yí wáng yě
《象》曰："遇雨"之吉，群疑亡也[7]。

注释

① 遇刚也：和阳刚相遇交合。

② "睽孤"句：乖离孤独，遇到大丈夫，相互信任，虽有危险却没有灾祸。元夫，大丈夫。

③ 志行也：志向得以施行。

④ "悔亡"句：悔恨消亡，他宗族里的人在吃肉，前往有什么灾祸呢？厥宗，他宗族里的人。噬肤，吃肉。

⑤ 见豕负涂，载鬼一车：看见猪背上有泥，车上拉了一车鬼。涂，泥。

⑥ 先张之弧，后说之弧：先张开弓，后又放下了弓。弧，弓。说，即"脱"。

⑦ 群疑亡也：一切疑虑都消亡了。

yì jīng xià jiǎn guà dì sān shí jiǔ
易经下·蹇卦第三十九

gèn xià kǎn shàng
䷦（艮下坎上）

jiǎn lì xī nán bú lì dōng běi lì jiàn dà rén zhēn jí
蹇①：利西南，不利东北②，利见大人，贞吉③。

tuàn yuē jiǎn nán yě xiǎn zài qián yě jiàn xiǎn ér néng zhǐ zhì yǐ zāi jiǎn lì xī nán wǎng dé zhōng yě bú lì dōng běi qí dào qióng yě lì jiàn dà rén wǎng yǒu gōng yě dāng wèi zhēn jí yǐ zhèng bāng yě jiǎn zhī shí yòng dà yǐ zāi
《彖》曰：蹇，难也，险在前也。见险而能止，知矣哉④！“蹇：利西南”，往得中也⑤。“不利东北”，其道穷也⑥。“利见大人”，往有功也⑦。当位“贞吉”，以正邦也⑧。蹇之时用大矣哉！

注释

① 蹇：卦名，意为跛足，走路艰难。
② 利西南，不利东北：利于向西南，不利于向东北。
③ 利见大人，贞吉：利于见大人，守正吉祥。
④ 见险而能止，知矣哉：看到险阻能够停止，真是智慧呀。知，即“智”。
⑤ 往得中也：前往能得到适中的位置。
⑥ 其道穷也：道路穷尽。
⑦ 往有功也：前往必有功劳。
⑧ 以正邦也：用来端正国家。

xiàng yuē shān shàng yǒu shuǐ jiǎn jūn zǐ yǐ
《象》曰：山上有水，蹇①。君子以
fǎn shēn xiū dé
反身修德②。

chū liù wǎng jiǎn lái yù
初六：往蹇，来誉③。

xiàng yuē wǎng jiǎn lái yù yí dài yě
《象》曰："往蹇来誉"，宜待也④。

liù èr wáng chén jiǎn jiǎn fěi gōng zhī gù
六二：王臣蹇蹇，匪躬之故⑤。

xiàng yuē wáng chén jiǎn jiǎn zhōng wú yóu yě
《象》曰："王臣蹇蹇"，终无尤也⑥。

jiǔ sān wǎng jiǎn lái fǎn
九三：往蹇，来反⑦。

xiàng yuē wǎng jiǎn lái fǎn nèi xǐ zhī yě
《象》曰："往蹇来反"，内喜之也⑧。

liù sì wǎng jiǎn lái lián
六四：往蹇，来连⑨。

注释

① 山上有水，蹇：山上有水，就是蹇卦。
② 君子以反身修德：君子因此反省自身修养品德。
③ 往蹇，来誉：前往的时候艰难，回来的时候获得荣誉。
④ 宜待也：应该等待时机。
⑤ 王臣蹇蹇，匪躬之故：王公大臣十分艰难，这不是他们自己的缘故。
⑥ 终无尤也：最终没有过错。
⑦ 往蹇，来反：前往时艰难，回来时平安。
⑧ 内喜之也：内心里喜欢。
⑨ 往蹇，来连：前往时艰难，回来时又是连续的艰难。连，连续。

《象》曰："往蹇来连"，当位实也[①]。

九五：大蹇，朋来[②]。

《象》曰："大蹇朋来"，以中节也[③]。

上六：往蹇，来硕，吉[④]。利见大人。

《象》曰："往蹇来硕"，志在内也[⑤]。"利见大人"，以从贵也[⑥]。

注释

① 当位实也：所处位置切实。

② 大蹇，朋来：十分艰难，朋友都来帮助。

③ 中节也：符合中正的礼节。

④ 往蹇，来硕，吉：前往时艰难，回来硕果累累，吉祥。

⑤ 志在内也：志向在内部。

⑥ 以从贵也：用来顺从尊贵的君主。

易经下·解卦第四十

䷧（坎下震上）

解①：利西南。无所往，其来复吉②。有攸往，夙吉③。

《彖》曰：解，险以动，动而免乎险④，解。“解：利西南”，往得众也。“其来复吉”，乃得中也。“有攸往夙吉”，往有功也。天地解而雷雨作，雷雨作而百果草木皆甲坼⑤。解之时大矣哉！

注释

① 解：卦名，意为解脱，缓解。
② 无所往，其来复吉：没有要去的地方，不如回来，吉祥。
③ 有攸往，夙吉：有所前往，越早越好。夙，早。
④ 险以动，动而免乎险：身在危险中要有所行动，只有行动才能免除危险。
⑤ “天地解而雷雨作”句：天地解除封闭状态而雷雨大作，雷雨大作而果树草木都萌芽。甲，种子的外壳。坼，裂开。

xiàng yuē léi yǔ zuò jiě jūn zǐ yǐ shè

《象》曰：雷雨作，解①。君子以赦

guò yòu zuì

过宥罪②。

chū liù wú jiù

初六：无咎。

xiàng yuē gāng róu zhī jì yì wú jiù yě

《象》曰：刚柔之际，义“无咎”也③。

jiǔ èr tián huò sān hú dé huáng shǐ zhēn jí

九二：田获三狐，得黄矢，贞吉④。

xiàng yuē jiǔ èr zhēn jí dé zhōng dào yě

《象》曰：九二“贞吉”，得中道也⑤。

liù sān fù qiě chéng zhì kòu zhì zhēn lìn

六三：负且乘，致寇至，贞吝⑥。

xiàng yuē fù qiě chéng yì kě chǒu yě

《象》曰：“负且乘”，亦可丑也。

zì wǒ zhì róng yòu shuí jiù yě

自我致戎，又谁咎也⑦？

注释

① 雷雨作，解：雷雨大作就是解卦。

② 君子以赦过宥罪：君子因此赦免过失宽宥罪恶。

③ 刚柔之际，义“无咎”也：处在阳刚和阴柔之间，按道理来说没有过错。

④ “田获三狐”句：打猎时获得很多狐狸，还得到黄铜做成的箭，守正吉祥。田，打猎。黄矢，黄铜做成的箭。

⑤ 得中道也：得到了中正之道。

⑥ 负且乘，致寇至，贞吝：背负财物而且乘坐大车，招来了强盗，守正可以防止遗憾。

⑦ 自我致戎，又谁咎也：自己招来了强盗，又怪罪谁呢？

jiǔ sì jiě ér mǔ péng zhì sī fú

九四：解而拇，朋至斯孚①。

xiàng yuē jiě ér mǔ wèi dāng wèi yě

《象》曰："解而拇"，未当位也②。

liù wǔ jūn zǐ wéi yǒu jiě jí yǒu fú yú xiǎo rén

六五：君子维有解，吉，有孚于小人③。

xiàng yuē jūn zǐ yǒu jiě xiǎo rén tuì yě

《象》曰："君子有解"，小人退也。

shàng liù gōng yòng shè sǔn yú gāo yōng zhī shàng huò zhī wú bú lì

上六：公用射隼于高墉之上④，获之，无不利。

xiàng yuē gōng yòng shè sǔn yǐ jiě bèi yě

《象》曰："公用射隼"，以解悖也⑤。

注释

① 解而拇，朋至斯孚：缓解放松你的脚趾，朋友来到以诚相待。

② 未当位也：位置不妥当。

③ 君子维有解，吉，有孚于小人：君子有所缓解，吉祥，对小人有诚信。

④ 公用射隼于高墉之上：公侯在城墙上射中鸷鸟。隼，鸷鸟，猛禽。墉，城墙。

⑤ 以解悖也：用来解除叛乱。悖，违逆，悖逆。

易经下·损卦第四十一

䷨（兑下艮上）

损[①]：有孚，元吉，无咎，可贞，利有攸往。曷之用[②]？二簋可用享[③]。

《彖》曰：损，损下益上，其道上行[④]。损而“有孚，元吉，无咎，可贞，利有攸往，曷之用，二簋可用享”。二簋应有时，损刚益柔有时，损益盈虚，与时偕行[⑤]。

注释

① 损：卦名，意为减损。
② 曷之用：如何体现？曷，即“何”。用，体现。
③ 二簋可用享：两筐祭品就可以祭神。簋，盛食物的器皿。享，奉献。
④ 损下益上，其道上行：减损下位增加上位，减损之道向上运行。
⑤ “二簋应有时”句：奉献两筐祭品应该有适当的时机，减损阳刚增加阴柔也应当有适当的时机，减损、增加、充满、抽空，都应该和时机一起进行。

xiàng yuē shān xià yǒu zé sǔn jūn zǐ yǐ
《象》曰：山下有泽，损①。君子以
chéng fèn zhì yù
惩忿窒欲②。

chū jiǔ sì shì chuán wǎng wú jiù zhuó sǔn zhī
初九：巳事遄往，无咎③，酌损之④。

xiàng yuē sì shì chuán wǎng shàng hé zhì yě
《象》曰："巳事遄往"，尚合志也⑤。

jiǔ èr lì zhēn zhēng xiōng fú sǔn yì zhī
九二：利贞，征凶，弗损，益之⑥。

xiàng yuē jiǔ èr lì zhēn zhōng yǐ wéi
《象》曰：九二"利贞"，中以为
zhì yě
志也⑦。

liù sān sān rén xíng zé sǔn yì rén yì rén
六三：三人行，则损一人⑧；一人
xíng zé dé qí yǒu
行，则得其友⑨。

注释

① 山下有泽，损：山下有大泽，就是损卦。
② 君子以惩忿窒欲：君子因此制止愤怒堵塞欲望。惩，制止。窒，堵塞。
③ 巳事遄往，无咎：祭祀是大事，应该迅速前往，没有过错。巳，即"祀"。遄，迅速。
④ 酌损之：祭品可以根据情况减少。
⑤ 尚合志也：崇尚志气相合。
⑥ "利贞"句：利于守正，出征有凶险，不要减少，要增加。
⑦ 中以为志也：以中正作为自己的志向。
⑧ 三人行，则损一人：三人同行，就会减损一个不同心的人。
⑨ 一人行，则得其友：一人前行，就会得到很多朋友。

xiàng yuē yì rén xíng sān zé yí yě
《象》曰："一人行"，三则疑也[1]。

liù sì sǔn qí jí shǐ chuán yǒu xǐ wú jiù
六四：损其疾，使遄有喜，无咎[2]。

xiàng yuē sǔn qí jí yì kě xǐ yě
《象》曰："损其疾"，亦可喜也。

liù wǔ huò yì zhī shí péng zhī guī fú kè wéi yuán jí
六五：或益之十朋之龟[3]，弗克违，元吉[4]。

xiàng yuē liù wǔ yuán jí zì shàng yòu yě
《象》曰：六五"元吉"，自上佑也[5]。

shàng jiǔ fú sǔn yì zhī wú jiù zhēn jí lì yǒu yōu wǎng dé chén wú jiā
上九：弗损，益之，无咎，贞吉。利有攸往，得臣无家[6]。

xiàng yuē fú sǔn yì zhī dà dé zhì yě
《象》曰："弗损益之"，大得志也[7]。

注释

① "一人行"，三则疑也：一人前行，心意合一；三人同行，必生疑惑。

② "损其疾"句：减损疾病，使其快速好转，没有过错。

③ 或益之十朋之龟：有人进献价值昂贵的巨龟。或，有人。益，进献。朋，古代货币单位。十朋，形容价格昂贵。

④ 弗克违，元吉：不能违背推辞，大吉。

⑤ 自上佑也：来自上位的佑护。

⑥ 利有攸往，得臣无家：利于有所前往，得到广大臣民的拥护。得臣，得到臣民的拥护。无家，指没有远近内外的分别。

⑦ 大得志也：志向得以施行。

易经下·益卦第四十二

䷩（震下巽上）

益[1]：利有攸往，利涉大川[2]。

《彖》曰：益，损上益下，民说无疆[3]。自上下下，其道大光[4]。“利有攸往”，中正有庆[5]。“利涉大川”，木道乃行[6]。益动而巽，日进无疆[7]。天施地生，其益无方[8]。凡益之道，与时偕行[9]。

《象》曰：风雷，益[10]。君子以见善

注释

① 益：卦名，意为增益。
② 利有攸往，利涉大川：利于有所前往，利于渡河。
③ 损上益下，民说无疆：减损上位增益下位，人民就喜悦无限。说，即“悦”。
④ 自上下下，其道大光：从上位谦逊地对待下位，他的道德必定大放光明。
⑤ 中正有庆：居中守正，必有喜庆。
⑥ 木道乃行：木船航行才能通畅。
⑦ 益动而巽，日进无疆：增益运动而又谦逊，每天都有增进而没有限制。
⑧ 天施地生，其益无方：天施加恩惠，地生长万物，好处遍及四方。
⑨ 凡益之道，与时偕行：大凡增益的道理，要和时机一起运行。
⑩ 风雷，益：风上雷下，就是益卦。

则迁，有过则改[1]。

初九：利用为大作[2]，元吉，无咎。

《象》曰："元吉无咎"，下不厚事也[3]。

六二：或益之十朋之龟，弗克违。永贞吉。王用享于帝，吉[4]。

《象》曰："或益之"，自外来也。

六三：益之用凶事，无咎[5]。有孚中行，告公用圭[6]。

《象》曰："益用凶事"，固有之也。

六四：中行告公，从[7]。利用为依

注释

① 君子以见善则迁，有过则改：君子因此看见善事就迁移向善，有了过错就改正。迁，迁移向善。

② 利用为大作：利于大有作为。大作，大有作为。

③ 下不厚事也：在下位不能做大事。厚事，大事。

④ 王用享于帝，吉：君王祭祀天帝，吉祥。

⑤ 益之用凶事，无咎：在办丧事时增益祭品，没有灾祸。凶事，丧事。

⑥ 有孚中行，告公用圭：有诚信，行为中正，用玉器向王公报告。圭，玉器。

⑦ 中行告公，从：用中正的行为向王公报告，王公必然听从。

qiān guó
迁国[①]。

xiàng yuē gào gōng cóng yǐ yì zhì yě
《象》曰："告公从"，以益志也[②]。

jiǔ wǔ yǒu fú huì xīn wù wèn yuán jí
九五：有孚惠心，勿问，元吉[③]。
yǒu fú huì wǒ dé
有孚，惠我德[④]。

xiàng yuē yǒu fú huì xīn wù wèn zhī
《象》曰："有孚惠心"，"勿问"之
yǐ huì wǒ dé dà dé zhì yě
矣。"惠我德"，大得志也。

shàng jiǔ mò yì zhī huò jī zhī lì xīn wù
上九：莫益之，或击之，立心勿
héng xiōng
恒，凶[⑤]。

xiàng yuē mò yì zhī piān cí yě
《象》曰："莫益之"，偏辞也[⑥]。
huò jī zhī zì wài lái yě
"或击之"，自外来也。

注释

① 利用为依迁国：利于臣民依附国君迁都。依，依附，依从。
② 以益志也：用来增强他的心志。
③ "有孚惠心"句：有真诚施恩惠于天下的心愿，不用送东西，大吉。问，送东西给人。
④ 有孚，惠我德：有诚心，感谢我的恩德。惠，感谢。
⑤ "莫益之"句：不能有所增益，反而攻击他，树立的心志不恒久，有凶险。
⑥ 偏辞也：片面的言辞。

yì jīng xià guài guà dì sì shí sān
易经下·夬卦第四十三

qián xià duì shàng
䷪（乾下兑上）

guài yáng yú wáng tíng fú hào yǒu lì gào
夬[1]：扬于王庭，孚号，有厉[2]。告
zì yì bú lì jí róng lì yǒu yōu wǎng
自邑，不利即戎[3]，利有攸往。

tuàn yuē guài jué yě gāng jué róu yě
《彖》曰：夬，决也，刚决柔也[4]。
jiàn ér yuè jué ér hé yáng yú wáng tíng róu chéng
健而说，决而和[5]。“扬于王庭”，柔乘
wǔ gāng yě fú hào yǒu lì qí wēi nǎi guāng yě
五刚也[6]。“孚号有厉”，其危乃光也[7]。
gào zì yì bú lì jí róng suǒ shàng nǎi qióng yě
“告自邑，不利即戎”，所尚乃穷也[8]。
lì yǒu yōu wǎng gāng zhǎng nǎi zhōng yě
“利有攸往”，刚长乃终也[9]。

注释

① 夬：卦名，意为决断。
② “扬于王庭”句：在王庭上宣扬，诚信地号令，有危险。孚，诚信。
③ 告自邑，不利即戎：从城邑上传来号令，不利于兴师动武。
④ “夬”句：夬，就是决断，就是阳刚决断阴柔。
⑤ 健而说，决而和：强健又喜悦，决断又温和。说，即“悦”。
⑥ 柔乘五刚也：一个阴柔之爻登上五个阳刚之爻的上面。
⑦ 其危乃光也：危险就转化为光明。
⑧ 所尚乃穷也：所崇尚的就会困穷。
⑨ 刚长乃终也：阳刚增长，阴柔终结。

xiàng yuē zé shàng yú tiān guài jūn zǐ yǐ
《象》曰：泽上于天，夬[1]。君子以
shī lù jí xià jū dé zé jì
施禄及下，居德则忌[2]。

chū jiǔ zhuàng yú qián zhǐ wǎng bú shèng wéi jiù
初九：壮于前趾，往不胜，为咎[3]。

xiàng yuē bú shèng ér wǎng jiù yě
《象》曰："不胜"而往，咎也[4]。

jiǔ èr tì háo mù yè yǒu róng wù xù
九二：惕号，莫夜有戎，勿恤[5]。

xiàng yuē yǒu róng wù xù dé zhōng dào yě
《象》曰："有戎勿恤"，得中道也[6]。

jiǔ sān zhuàng yú qiú yǒu xiōng jūn zǐ guài guài
九三：壮于頄，有凶[7]。君子夬夬
dú xíng yù yǔ ruò rú yǒu yùn wú jiù
独行，遇雨若濡[8]，有愠，无咎[9]。

xiàng yuē jūn zǐ guài guài zhōng wú jiù yě
《象》曰："君子夬夬"，终无咎也。

注释

① 泽上于天，夬：大泽在天上，就是夬卦。

② 君子以施禄及下，居德则忌：君子把恩惠施给百姓，居积恩德不施就会有忌恨。禄，恩惠。居，居积。

③ "壮于前趾"句：强壮在前脚趾上，前往不能取得胜利，会变为灾祸。

④ "不胜"而往，咎也：不能取胜却要前往，必然有灾。

⑤ "惕号"句：警惕地呼号，夜晚有战争，不用忧虑。号，呼号。莫，即"暮"。

⑥ 得中道也：得到了中正之道。

⑦ 壮于頄，有凶：强壮在颧骨上，有凶险。頄，颧骨。

⑧ 君子夬夬独行，遇雨若濡：君子刚毅果断，独自行走，遇到大雨被沾湿身体。夬夬，刚毅果断。若，语气词。

⑨ 有愠，无咎：心中有愠怒，不会有灾祸。

jiǔ sì tún wú fū qí xíng zī jū qiān yáng
九四：臀无肤，其行次且①。牵羊
huǐ wáng wén yán bú xìn
悔亡，闻言不信②。

xiàng yuē qí xíng zī jū wèi bú dàng
《象》曰：“其行次且”，位不当
yě wén yán bú xìn cōng bù míng yě
也。“闻言不信”，聪不明也③。

jiǔ wǔ xiàn lù guài guài zhōng xíng wú jiù
九五：苋陆夬夬，中行无咎④。

xiàng yuē zhōng xíng wú jiù zhōng wèi guāng yě
《象》曰：“中行无咎”，中未光也⑤。

shàng liù wú háo zhōng yǒu xiōng
上六：无号，终有凶⑥。

xiàng yuē wú háo zhī xiōng zhōng bù kě
《象》曰：“无号”之凶，终不可
cháng yě
长也。

注释

① 臀无肤，其行次且：臀部没有皮肤，行走困难。次且，即“趑趄”，行走困难。
② 牵羊悔亡，闻言不信：牵着羊前往，悔恨消亡，听了忠告不相信。
③ 聪不明也：听觉不明。聪，听力。
④ 苋陆夬夬，中行无咎：遇到柔弱的事物更要刚绝果断，中正行事就没有灾祸。苋陆，马齿苋，草本植物，柔脆易折。
⑤ 中未光也：中正之道没有光大。
⑥ 无号，终有凶：不要呼号，最终还是有凶险。

yì jīng xià gòu guà dì sì shí sì

易经下·姤卦第四十四

xùn xià qián shàng

䷫（巽下乾上）

gòu nǚ zhuàng wù yòng qǔ nǚ

姤[1]：女壮，勿用取女[2]。

tuàn yuē gòu yù yě róu yù gāng yě

《彖》曰：姤，遇也，柔遇刚也[3]。

wù yòng qǔ nǚ bù kě yǔ cháng yě tiān dì xiāng

“勿用取女”，不可与长也[4]。天地相

yù pǐn wù xián zhāng yě gāng yù zhōng zhèng tiān xià dà

遇，品物咸章也[5]。刚遇中正，天下大

xíng yě gòu zhī shí yì dà yǐ zāi

行也[6]。姤之时义大矣哉！

xiàng yuē tiān xià yǒu fēng gòu hòu yǐ shī

《象》曰：天下有风，姤[7]。后以施

mìng gào sì fāng

命诰四方[8]。

注释

① 姤：卦名，意为相遇。

② 女壮，勿用取女：女子过于刚强，不适宜娶她。用，适宜。取，即“娶”。

③ “姤”句：姤，就是相遇，就是阴柔遇到了阳刚。

④ 不可与长也：不可与她长期相处。

⑤ 天地相遇，品物咸章也：天地相遇交合，万物都能彰显。品物，万物。

⑥ 刚遇中正，天下大行也：阳刚和中正相遇，天下万物都能畅通。

⑦ 天下有风，姤：天的下面在刮风就是姤卦。

⑧ 后以施命诰四方：君王因此下达命令昭告天下。后，君王。

初六：系于金柅，贞吉[①]，有攸往，见凶，羸豕孚蹢躅[②]。

《象》曰："系于金柅"，柔道牵也[③]。

九二：包有鱼，无咎[④]，不利宾[⑤]。

《象》曰："包有鱼"，义不及宾也[⑥]。

九三：臀无肤，其行次且[⑦]，厉，无大咎。

《象》曰："其行次且"，行未牵也[⑧]。

九四：包无鱼，起凶[⑨]。

注释

① 系于金柅，贞吉：系在纺车的铜把手上，守正吉祥。柅，纺车的把手。

② 羸豕孚蹢躅：母猪躁动不安。羸豕，母猪。孚，即"浮"，轻浮躁动。蹢躅，即"踯躅"，徘徊不安。

③ 柔道牵也：阴柔之道受到阳刚的牵制。

④ 包有鱼，无咎：厨房里有鱼，没有灾祸。包，即"庖"，厨房。

⑤ 不利宾：不利于招待客人。

⑥ 义不及宾也：从道义上讲，不能招待客人。

⑦ 臀无肤，其行次且：臀部没有皮肤，行走困难。次且，即"趑趄"，行走困难。

⑧ 行未牵也：行为没有受到牵制。

⑨ 包无鱼，起凶：厨房中的鱼没有了，必然兴起凶险。

xiàng yuē wú yú zhī xiōng yuǎn mín yě
《象》曰："无鱼"之凶，远民也①。

jiǔ wǔ yǐ qǐ bāo guā hán zhāng yǒu yǔn zì tiān
九五：以杞包瓜，含章，有陨自天②。

xiàng yuē jiǔ wǔ hán zhāng zhōng zhèng yě
《象》曰：九五"含章"，中正也③。

yǒu yǔn zì tiān zhì bù shě mìng yě
"有陨自天"，志不舍命也④。

shàng jiǔ gòu qí jiǎo lìn wú jiù
上九：姤其角，吝，无咎⑤。

xiàng yuē gòu qí jiǎo shàng qióng lìn yě
《象》曰："姤其角"，上穷吝也。

注释

① 远民也：远离了民众。

② "以杞包瓜"句：用高大的杞树遮蔽甜瓜，其美含蓄不露，一旦瓜熟蒂落就会自天而降。杞，高大的杞树。包，遮蔽。章，美。

③ 九五"含章"，中正也：九五爻其美含蓄不露，是居中守正的表现。

④ 志不舍命也：志向不违背天命。舍，违背。

⑤ "姤其角"句：相遇在角落，虽有遗憾，但无灾祸。角，角落。

杞

yì jīng xià　cuì guà dì sì shí wǔ

易经下·萃卦第四十五

kūn xià duì shàng

䷬（坤下兑上）

cuì　hēng　wáng gé yǒu miào　lì jiàn dà rén

萃[1]：亨。王假有庙，利见大人[2]，

hēng　lì zhēn　yòng dà shēng jí　lì yǒu yōu wǎng

亨，利贞。用大牲吉[3]，利有攸往。

tuàn　yuē　cuì　jù yě　shùn yǐ yuè　gāng

《彖》曰：萃，聚也。顺以说，刚

zhōng ér yìng　gù jù yě　wáng gé yǒu miào　zhì xiào

中而应，故聚也[4]。“王假有庙”，致孝

xiǎng yě　lì jiàn dà rén　hēng　jù yǐ zhèng yě

享也[5]。“利见大人，亨”，聚以正也[6]。

yòng dà shēng jí　lì yǒu yōu wǎng　shùn tiān mìng yě

“用大牲吉，利有攸往”，顺天命也。

注释

① 萃：卦名，意为聚集。

② 王假有庙，利见大人：君王到宗庙里祭祀，利于见到大人。假，即“格”，至。

③ 用大牲吉：用大牲畜祭祀，吉祥。

④ “顺以说”句：柔顺又和悦，刚健中正而且相互呼应，因此可以聚集人众。说，即“悦”。

⑤ 致孝享也：送去表达孝心的祭品。享，祭品。

⑥ 聚以正也：用中正之道聚集。

guān qí suǒ jù ér tiān dì wàn wù zhī qíng kě jiàn yǐ
观其所聚，而天地万物之情可见矣[①]。

xiàng yuē zé shàng yú dì cuì jūn zǐ yǐ
《象》曰：泽上于地，萃[②]。君子以

chú róng qì jiè bù yú
除戎器，戒不虞[③]。

chū liù yǒu fú bù zhōng nǎi luàn nǎi cuì ruò háo
初六：有孚不终，乃乱乃萃若号[④]。

yí wò wéi xiào wù xù wǎng wú jiù
一握为笑，勿恤，往无咎[⑤]。

xiàng yuē nǎi luàn nǎi cuì qí zhì luàn yě
《象》曰："乃乱乃萃"，其志乱也[⑥]。

liù èr yǐn jí wú jiù fú nǎi lì yòng yuè
六二：引吉，无咎[⑦]，孚乃利用禴[⑧]。

xiàng yuē yǐn jí wú jiù zhōng wèi biàn yě
《象》曰："引吉无咎"，中未变也[⑨]。

注释

① 观其所聚，而天地万物之情可见矣：观察聚集的原因，天地万物的情况就可以见到了。

② 泽上于地，萃：大泽在地上，就是萃卦。

③ 君子以除戎器，戒不虞：君子因此修治兵器，戒备没有预测到的事情。除，修治。不虞，没有预测到的事情。

④ "有孚不终"句：有诚信但不能至终，胡乱聚集好像呼号一样。孚，诚信。

⑤ "一握为笑"句：朋友相逢握手一笑，不用忧虑，前往没有灾祸。

⑥ 其志乱也：他的心志乱了。

⑦ 引吉，无咎：受人牵引，吉祥而没有灾祸。引，牵引。

⑧ 孚乃利用禴：只要心诚，用微薄的祭品祭祀也有利。禴，春祭，祭品较微薄。

⑨ 中未变也：中正的志向没有改变。

liù sān cuì rú jiē rú wú yōu lì wǎng wú
六三：萃如嗟如，无攸利[1]，往无
jiù xiǎo lìn
咎，小吝[2]。

xiàng yuē wǎng wú jiù shàng xùn yě
《象》曰："往无咎"，上巽也[3]。

jiǔ sì dà jí wú jiù
九四：大吉无咎。

xiàng yuē dà jí wú jiù wèi bú dàng yě
《象》曰："大吉无咎"，位不当也。

jiǔ wǔ cuì yǒu wèi wú jiù fěi fú yuán
九五：萃有位，无咎[4]。匪孚，元
yǒng zhēn huǐ wáng
永贞，悔亡[5]。

xiàng yuē cuì yǒu wèi zhì wèi guāng yě
《象》曰："萃有位"，志未光也[6]。

shàng liù jī zī tì yí wú jiù
上六：赍咨涕洟，无咎[7]。

xiàng yuē jī zī tì yí wèi ān shàng yě
《象》曰："赍咨涕洟"，未安上也[8]。

注释

① 萃如嗟如，无攸利：聚集在一起嗟叹，没有利益。如，语气词。
② 往无咎，小吝：前往没有灾祸，小有遗憾。
③ 上巽也：这是向上顺从。
④ 萃有位，无咎：聚集时有地位，没有灾祸。
⑤ 元永贞，悔亡：善良而永远守正，悔恨就会消亡。元，善。
⑥ 志未光也：志向没有光大。
⑦ 赍咨涕洟，无咎：哀叹时涕泪俱下，没有灾祸。赍咨，悲叹声。涕洟，眼泪和鼻涕。
⑧ 未安上也：未能安居于上位。

yì jīng xià shēng guà dì sì shí liù
易经下·升卦第四十六

xùn xià kūn shàng
䷭（巽下坤上）

shēng yuán hēng yòng jiàn dà rén wù xù nán
升[1]：元亨，用见大人[2]，勿恤，南
zhēng jí
征吉[3]。

tuàn yuē róu yǐ shí shēng xùn ér shùn gāng
《彖》曰：柔以时升，巽而顺，刚
zhōng ér yìng shì yǐ dà hēng yòng jiàn dà rén wù
中而应[4]，是以大亨。“用见大人，勿
xù yǒu qìng yě nán zhēng jí zhì xíng yě
恤”，有庆也。“南征吉”，志行也[5]。

xiàng yuē dì zhōng shēng mù shēng jūn zǐ
《象》曰：地中生木，升[6]。君子
yǐ shùn dé jī xiǎo yǐ gāo dà
以顺德，积小以高大[7]。

注释

① 升：卦名，意为上升。
② 用见大人：利于拜见大人。
③ 勿恤，南征吉：不要忧虑，向南出征吉祥。
④ 柔以时升，巽而顺，刚中而应：阴柔乘着时机而上升，谦逊又温顺，阳刚居中和阴柔相呼应。
⑤ 志行也：志向得以实现。
⑥ 地中生木，升：地中长出树木，就是升卦。
⑦ 君子以顺德，积小以高大：君子以顺从成就美德，积累微小以成就高大。

chū liù yǔn shēng dà jí
初六：允升，大吉[①]。

xiàng yuē yǔn shēng dà jí shàng hé zhì yě
《象》曰："允升大吉"，上合志也[②]。

jiǔ èr fú nǎi lì yòng yuè wú jiù
九二：孚乃利用禴，无咎[③]。

xiàng yuē jiǔ èr zhī fú yǒu xǐ yě
《象》曰：九二之孚，有喜也。

jiǔ sān shēng xū yì
九三：升虚邑[④]。

xiàng yuē shēng xū yì wú suǒ yí yě
《象》曰："升虚邑"，无所疑也。

liù sì wáng yòng xiǎng yú qí shān jí wú jiù
六四：王用亨于岐山[⑤]，吉，无咎。

xiàng yuē wáng yòng xiǎng yú qí shān shùn shì yě
《象》曰："王用亨于岐山"，顺事也[⑥]。

liù wǔ zhēn jí shēng jiē
六五：贞吉，升阶[⑦]。

xiàng yuē zhēn jí shēng jiē dà dé zhì yě
《象》曰："贞吉升阶"，大得志也。

注释

① 允升，大吉：前进上升，大吉。允，进。

② 上合志也：与上位志同道合。

③ 孚乃利用禴，无咎：只要诚信，用微薄的祭品祭祀也是有利的，没有灾祸。禴，春祭，祭品很微薄。

④ 升虚邑：登上空虚的城邑。

⑤ 王：指周王。亨：即"享"，祭祀。岐山：周始祖迁居之地，在今陕西省岐山县东北。

⑥ 顺事也：是柔顺的事情。

⑦ 贞吉，升阶：守正吉祥，沿着阶梯上升。

上六：冥升，利于不息之贞[1]。

《象》曰："冥升"在上，消不富也[2]。

易经下·困卦第四十七

䷮（坎下兑上）

困[3]：亨。贞，大人吉，无咎。有言不信[4]。

《彖》曰：困，刚揜也[5]。险以说，困而不失其所[6]，"亨"，其唯君子乎！

注释

① 冥升，利于不息之贞：在昏暗中上升，有利于继续坚守正道。冥，昏暗。不息，不止。

② 消不富也：消失不再增加。富，富裕，增加。

③ 困：卦名，意为困穷。

④ 有言不信：有话别人不相信。

⑤ 困，刚揜也：困穷，就是阳刚被遮掩。揜，掩。

⑥ 险以说，困而不失其所：身处险境仍有乐观的心态，虽然困穷但不失去其位置。说，即"悦"。

zhēn dà rén jí yǐ gāng zhōng yě yǒu yán bú
“贞大人吉”，以刚中也①。“有言不
xìn shàng kǒu nǎi qióng yě
信”，尚口乃穷也②。

xiàng yuē zé wú shuǐ kùn jūn zǐ yǐ zhì
《象》曰：泽无水，困③。君子以致
mìng suì zhì
命遂志④。

chū liù tún kùn yú zhū mù rù yú yōu gǔ
初六：臀困于株木⑤，入于幽谷，
sān suì bù dí
三岁不觌⑥。

xiàng yuē rù yú yōu gǔ yōu bù míng yě
《象》曰：“入于幽谷”，幽不明也⑦。

jiǔ èr kùn yú jiǔ shí zhū fú fāng lái lì yòng
九二：困于酒食，朱绂方来，利用
xiǎng sì zhēng xiōng wú jiù
享祀⑧，征凶，无咎。

注释

① 以刚中也：因为有刚健中正的品德。

② 尚口乃穷也：崇尚夸夸其谈却不务实际就会遭致穷困。

③ 泽无水，困：大泽中没有水，就是困卦。

④ 君子以致命遂志：君子应该舍弃生命来成就志向。致命，舍弃生命。遂志，实现志向。

⑤ 臀困于株木：臀部遭受刑杖之苦。株木，指刑杖。

⑥ 入于幽谷，三岁不觌：进入幽暗的牢狱，多年没有露面。幽谷，代指牢狱。觌，见。

⑦ 幽不明也：幽暗没有光明。

⑧ 困于酒食，朱绂方来，利用享祀：被酒食困扰，大人正要来到，利于祭祀。朱绂，贵族所穿的服饰，借指贵族大人。享祀，祭祀。

xiàng yuē kùn yú jiǔ shí zhōng yǒu qìng yě
《象》曰："困于酒食"，中有庆也[①]。

liù sān kùn yú shí jù yú jí lí rù yú
六三：困于石，据于蒺藜[②]。入于

qí gōng bú jiàn qí qī xiōng
其宫，不见其妻[③]，凶。

xiàng yuē jù yú jí lí chéng gāng yě
《象》曰："据于蒺藜"，乘刚也[④]。

rù yú qí gōng bú jiàn qí qī bù xiáng yě
"入于其宫，不见其妻"，不祥也。

jiǔ sì lái xú xú kùn yú jīn chē lìn
九四：来徐徐，困于金车[⑤]，吝，

yǒu zhōng
有终[⑥]。

xiàng yuē lái xú xú zhì zài xià yě
《象》曰："来徐徐"，志在下也[⑦]。

suī bù dāng wèi yǒu yǔ yě
虽不当位，有与也[⑧]。

注释

① 中有庆也：中正必有喜庆。

② 困于石，据于蒺藜：困在乱石中，凭依在蒺藜上。据，凭依，依靠。

③ 入于其宫，不见其妻：进入他的居室，看不见他的妻子。宫，居室。

④ 乘刚也：阴柔登在阳刚之上。

⑤ 来徐徐，困于金车：缓慢而来，受困于贵人。金车，黄铜装饰的车，贵族所乘，借指贵人。

⑥ 吝，有终：虽有遗憾，但最终有好结果。

⑦ 志在下也：志向在下位。

⑧ 虽不当位，有与也：虽然位置不适当，但也会有人帮助。与，帮助。

九五：劓刖，困于赤绂[1]，乃徐有说，利用祭祀[2]。

《象》曰："劓刖"，志未得也。"乃徐有说"，以中直也。"利用祭祀"，受福也。

上六：困于葛藟，于臲卼[3]，曰动悔有悔，征吉[4]。

《象》曰："困于葛藟"，未当也。"动悔，有悔"，吉行也[5]。

注释

① 劓刖，困于赤绂：深感不安，受到贵族困阻。劓刖，不安的样子。

② 乃徐有说，利用祭祀：慢慢地得到解脱，利于祭祀。说，即"脱"。

③ 困于葛藟，于臲卼：受困在藤蔓之间，心中惊恐不安。

④ 曰动悔有悔，征吉：如果动不动就后悔那就要赶快悔悟，出征必有吉祥。曰，发语词。动悔，动不动就后悔。有悔，有所悔悟。

⑤ 吉行也：吉祥的行为。

葛

易经下·井卦第四十八

_{yì jīng xià} _{jǐng guà dì sì shí bā}

☵ （巽下坎上）
_{xùn xià kǎn shàng}

井①：改邑不改井，无丧无得②，往来井井。汔至，亦未繘井，羸其瓶，凶③。

《象》曰：巽乎水而上水，井④。井养而不穷也⑤。"改邑不改井"，乃以刚中也⑥。"汔至，亦未繘井"，未有功也。"羸其瓶"，是以凶也。

《象》曰：木上有水，井⑦。君子以

注释

① 井：卦名，意为水井。

② 改邑不改井，无丧无得：迁移城邑也不迁移水井，没有丧失也没有获得。改，迁移。邑，城邑。

③ "汔至"句：井干涸淤塞，也没有淘井，毁坏了打水的水瓶，凶险。汔，水干涸。至，即"窒"，淤塞。繘井，淘井。羸，毁坏。

④ 巽乎水而上水，井：顺着水性使水涌上来，就是井。巽，驯顺，谦逊。

⑤ 井养而不穷也：水井养人又水源不断。

⑥ 乃以刚中也：因为刚健中正。

⑦ 木上有水，井：树木上面有水就是井卦。

láo mín quàn xiàng
劳民劝相[1]。

chū liù jǐng ní bù shí jiù jǐng wú qín
初六：井泥不食，旧井无禽[2]。

xiàng yuē jǐng ní bù shí xià yě jiù jǐng wú qín shí shě yě
《象》曰："井泥不食"，下也。"旧井无禽"，时舍也[3]。

jiǔ èr jǐng gǔ shè fù wèng bì lòu
九二：井谷射鲋，瓮敝漏[4]。

xiàng yuē jǐng gǔ shè fù wú yǔ yě
《象》曰："井谷射鲋"，无与也[5]。

jiǔ sān jǐng xiè bù shí wéi wǒ xīn cè kě yòng jí wáng míng bìng shòu qí fú
九三：井渫不食，为我心恻[6]。可用汲，王明并受其福[7]。

注释

① 君子以劳民劝相：君子慰勉人民，鼓励他们相互帮助。劳民，慰勉人民。劝，鼓励。相，帮助。
② "井泥不食"句：井里有淤泥不能食用，枯井里没有禽兽。泥，淤泥。旧井，枯井。
③ 时舍也：随时舍弃。
④ 井谷射鲋，瓮敝漏：在井中射鱼，水瓶破败漏水。井谷，井中容水的地方。鲋，小鱼。敝，破。
⑤ 无与也：没有人帮助。与，帮助。
⑥ 井渫不食，为我心恻：井水已经淘净却没有人吃，使我内心伤悲。渫，淘井。恻，伤悲。
⑦ 可用汲，王明并受其福：可以打水食用，君王贤明就可以一起享受福禄。

《象》曰："井渫不食"，行恻也[1]。求"王明"，"受福"也[2]。

六四：井甃，无咎[3]。

《象》曰："井甃无咎"，修井也。

九五：井洌寒泉，食[4]。

《象》曰："寒泉"之食，中正也。

上六：井收勿幕[5]，有孚元吉[6]。

《象》曰："元吉"在上，大成也[7]。

注释

① 行恻也：行人也感到伤悲。行，行人。

② 求"王明"，"受福"也：希望君王贤明，共享其福。求，希望。

③ 井甃，无咎：井坏了就用砖修理，没有灾祸。甃，砖，这里做动词用。

④ 井洌寒泉，食：井水清凉似泉水，可以食用。洌，清凉。

⑤ 井收勿幕：井口收缩，不要遮盖。收，收缩。幕，遮盖。

⑥ 有孚元吉：有诚信，大吉。孚，诚信。

⑦ "元吉"在上，大成也：大吉在上位，大有成就。

yì jīng xià gé guà dì sì shí jiǔ

易经下·革卦第四十九

lí xià duì shàng

䷰（离下兑上）

gé sì rì nǎi fú yuán hēng lì zhēn huǐ wáng

革[1]：巳日乃孚[2]，元亨，利贞，悔亡。

tuàn yuē gé shuǐ huǒ xiāng xī èr nǚ tóng jū qí zhì bù xiāng dé yuē gé sì rì nǎi fú gé ér xìn zhī wén míng yǐ yuè dà hēng yǐ zhèng gé ér dàng qí huǐ nǎi wáng tiān dì gé ér sì shí chéng tāng wǔ gé mìng shùn hū tiān ér yìng hū rén gé zhī shí

《彖》曰：革，水火相息[3]，二女同居，其志不相得[4]，曰革。“巳日乃孚”，革而信之[5]。文明以说，大亨以正[6]，革而当，其悔乃亡[7]。天地革而四时成[8]，汤武革命，顺乎天而应乎人[9]。革之时

注释

① 革：卦名，意为变革，革命。

② 巳日乃孚：祭祀之日，心怀诚信。巳，即“祀”。

③ 革，水火相息：革，就是水火互灭。息，即“熄”，熄灭。

④ 二女同居，其志不相得：两个女子同居一室，她们的志向不相合。

⑤ 革而信之：变革之时，人们纷纷信服。

⑥ 文明以说，大亨以正：文采显明又喜悦，大为亨通又中正。说，即“悦”。

⑦ 革而当，其悔乃亡：变革而且适当，悔恨就会消亡。

⑧ 天地革而四时成：天地变革就有四季形成。

⑨ 汤武革命，顺乎天而应乎人：商汤王、周武王革除夏、商的天命，是顺应天命又顺应人民的愿望。汤武，商汤王、周武王。革命，革除夏、商的天命。

dà yǐ zāi
大矣哉！

xiàng yuē zé zhōng yǒu huǒ gé jūn zǐ yǐ zhì lì míng shí
《象》曰：泽中有火，革①。君子以治历明时②。

chū jiǔ gǒng yòng huáng niú zhī gé
初九：巩用黄牛之革③。

xiàng yuē gǒng yòng huáng niú bù kě yǐ yǒu wéi yě
《象》曰："巩用黄牛"，不可以有为也④。

liù èr sì rì nǎi gé zhī zhēng jí wú jiù
六二：巳日乃革之⑤，征吉，无咎。

xiàng yuē sì rì gé zhī xíng yǒu jiā yě
《象》曰："巳日革之"，行有嘉也⑥。

jiǔ sān zhēng xiōng zhēn lì gé yán sān jiù yǒu fú
九三：征凶，贞厉，革言三就有孚⑦。

xiàng yuē gé yán sān jiù yòu hé zhī yǐ
《象》曰："革言三就"，又何之矣⑧？

注释

① 泽中有火，革：大泽中有火，就是革卦。
② 君子以治历明时：君子用制定日历来明确四季。治，制定。时，四季。
③ 巩用黄牛之革：用黄牛皮束缚固定住。巩，固。
④ 不可以有为也：不可以有所作为。
⑤ 巳日乃革之：在祭祀这一天实行变革。巳，即"祀"。
⑥ 行有嘉也：前行就有好处。
⑦ 革言三就有孚：改革的言论要经过多次讨论大家才会相信。三，多次。
⑧ 又何之矣：又要到哪里去？

jiǔ sì huǐ wáng yǒu fú gǎi mìng jí
九四：悔亡，有孚改命[1]，吉。

xiàng yuē gǎi mìng zhī jí xìn zhì yě
《象》曰："改命"之吉，信志也[2]。

jiǔ wǔ dà rén hǔ biàn wèi zhān yǒu fú
九五：大人虎变，未占有孚[3]。

xiàng yuē dà rén hǔ biàn qí wén bǐng yě
《象》曰："大人虎变"，其文炳也[4]。

shàng liù jūn zǐ bào biàn xiǎo rén gé miàn zhēng xiōng jū zhēn jí
上六：君子豹变，小人革面[5]，征凶，居贞吉。

xiàng yuē jūn zǐ bào biàn qí wén wèi yě xiǎo rén gé miàn shùn yǐ cóng jūn yě
《象》曰："君子豹变"，其文蔚也[6]。"小人革面"，顺以从君也[7]。

注释

① 有孚改命：有诚信就能改变命运。
② 信志也：有诚信的志向。
③ 大人虎变，未占有孚：大人变革迅猛如虎，不用占问也有诚信。
④ 其文炳也：他的文采灿烂。炳，显著。
⑤ 君子豹变，小人革面：君子像豹子一样快速灵活地变革，小人只改变表面现象。
⑥ 其文蔚也：他的文采炳蔚。蔚，有文采的样子。
⑦ 顺以从君也：柔顺地服从君主。

豹

易经下·鼎卦第五十

yì jīng xià dǐng guà dì wǔ shí

xùn xià lí shàng

䷱（巽下离上）

dǐng yuán jí hēng

鼎[1]：元吉，亨。

tuàn yuē dǐng xiàng yě yǐ mù xùn huǒ pēng rèn yě shèng rén pēng yǐ xiǎng shàng dì ér dà pēng yǐ yǎng shèng xián xùn ér ěr mù cōng míng róu jìn ér shàng xíng dé zhōng ér yìng hū gāng shì yǐ yuán hēng

《彖》曰：鼎，象也。以木巽火，亨饪也[2]。圣人亨以享上帝，而大亨以养圣贤[3]。巽而耳目聪明[4]，柔进而上行，得中而应乎刚[5]，是以元亨。

xiàng yuē mù shàng yǒu huǒ dǐng jūn zǐ yǐ zhèng wèi níng mìng

《象》曰：木上有火，鼎[6]。君子以正位凝命[7]。

注释

① 鼎：卦名，象征鼎器。

② 以木巽火，亨饪也：用木顺着火势，就是烹饪。巽，随顺。亨，即“烹”。

③ 圣人亨以享上帝，而大亨以养圣贤：圣人烹饪以祭祀天帝，大人烹饪以养育贤才。享，祭祀。

④ 巽而耳目聪明：柔顺就能耳聪目明。

⑤ 柔进而上行，得中而应乎刚：柔和地前进又向上运行，得到中位和阳刚相呼应。

⑥ 木上有火，鼎：木上有火，就是鼎卦。

⑦ 君子以正位凝命：君子因此端正位置固守命令。凝，凝固，固守。

初六：鼎颠趾，利出否[①]。得妾以其子[②]，无咎。

《象》曰："鼎颠趾"，未悖也[③]。"利出否"，以从贵也[④]。

九二：鼎有实[⑤]，我仇有疾，不我能即[⑥]，吉。

《象》曰："鼎有实"，慎所之也[⑦]。"我仇有疾"，终无尤也[⑧]。

九三：鼎耳革，其行塞，雉膏不

注释

① 鼎颠趾，利出否：把鼎的脚颠倒朝上，利于倒出废物。颠，颠倒。出否，倒出废物。

② 得妾以其子：得到妾当作正妻，是因为她有儿子。

③ 未悖也：没有违背。

④ 以从贵也：是因为顺从尊贵的人。

⑤ 鼎有实：鼎中充满物品。实，物品。

⑥ 我仇有疾，不我能即：我的配偶有病，不能到我的身边。仇，匹配，配偶。即，就。

⑦ 慎所之也：谨慎所去往的地方。之，到，往。

⑧ 终无尤也：最终没有过错。尤，过错。

shí　fāng yǔ kuī huǐ　zhōng jí
食[1]，方雨亏悔，终吉[2]。

xiàng yuē　dǐng ěr gé　shī qí yí yě
《象》曰："鼎耳革"，失其义也[3]。

jiǔ sì　dǐng zhé zú　fù gōng sù　qí xíng wò　xiōng
九四：鼎折足，覆公𫗧[4]，其形渥，凶[5]。

xiàng yuē　fù gōng sù　xìn rú hé yě
《象》曰："覆公𫗧"，信如何也[6]？

liù wǔ　dǐng huáng ěr jīn xuàn　lì zhēn
六五：鼎黄耳金铉[7]，利贞。

xiàng yuē　dǐng huáng ěr　zhōng yǐ wéi shí yě
《象》曰："鼎黄耳"，中以为实也[8]。

shàng jiǔ　dǐng yù xuàn　dà jí　wú bú lì
上九：鼎玉铉[9]，大吉，无不利。

xiàng yuē　yù xuàn zài shàng　gāng róu jié yě
《象》曰："玉铉"在上，刚柔节也[10]。

注释

① 鼎耳革，其行塞，雉膏不食：鼎的耳朵变坏脱落，出行的道路堵塞，肥美的野鸡不能吃。革，变坏脱落。雉，野鸡。
② 方雨亏悔，终吉：刚好下起了雨消减了悔恨，最终吉祥。亏，消减。
③ 失其义也：失去了适宜的位置。义，即"宜"。
④ 鼎折足，覆公𫗧：鼎的腿折断了，倾覆了王公的美食。𫗧，泛指美食。
⑤ 其形渥，凶：鼎的形体被沾湿了，凶险。形，鼎身。渥，沾湿。
⑥ 信如何也：信誉怎么样呢？
⑦ 鼎黄耳：鼎装有黄色的耳朵。金铉：黄铜制成的鼎杠。金，黄铜。铉，鼎杠。
⑧ 中以为实也：居中正之位作为殷实之象。
⑨ 鼎玉铉：鼎配有玉制的鼎杠。
⑩ "玉铉"在上，刚柔节也：玉制的鼎杠在上位，阳刚和阴柔互相节制。

yì jīng xià zhèn guà dì wǔ shí yī
易经下·震卦第五十一

zhèn xià zhèn shàng
䷲（震下震上）

zhèn hēng zhèn lái xì xì xiào yán yǎ yǎ zhèn jīng bǎi lǐ bú sàng bǐ chàng
震①：亨。震来虩虩，笑言哑哑②，震惊百里，不丧匕鬯③。

tuàn yuē zhèn hēng zhèn lái xì xì kǒng zhì fú yě xiào yán yǎ yǎ hòu yǒu zé yě zhèn jīng bǎi lǐ jīng yuǎn ér jù ěr yě bú sàng bǐ chàng chū kě yǐ shǒu zōng miào shè jì yǐ wéi jì zhǔ yě
《彖》曰：震，亨。“震来虩虩”，恐致福也④。“笑言哑哑”，后有则也⑤。“震惊百里”，惊远而惧迩也⑥。“不丧匕鬯”，出可以守宗庙社稷，以为祭主也⑦。

注释

① 震：卦名，意为雷电震动。

② 震来虩虩，笑言哑哑：震雷传来，有人恐惧，有人谈笑风生。虩虩，恐惧的样子。哑哑，形容笑声。

③ 震惊百里，不丧匕鬯：雷声震动，百里之内的人都感到惊恐，祭祀者却非常镇定，连手中勺子里的祭酒都不洒出一点。匕，勺子，匙子。鬯，祭祀所用的香酒。

④ 恐致福也：心内惊恐就会谨慎从事，反而可以招来福气。

⑤ 后有则也：惊恐之后就会遵守法则。

⑥ 惊远而惧迩也：远处的惊恐，近处的惧怕。迩，近。

⑦ 出可以守宗庙社稷，以为祭主也：在打雷时镇定自若的人可以守卫国家，可以作为祭祀时的主祭人。宗庙社稷，这里指代国家。

xiàng yuē jiàn léi zhèn jūn zǐ yǐ kǒng jù
《象》曰：洊雷，震①。君子以恐惧

xiū xǐng
修省②。

chū jiǔ zhèn lái xì xì hòu xiào yán yǎ yǎ jí
初九：震来虩虩，后笑言哑哑，吉。

xiàng yuē zhèn lái xì xì kǒng zhì fú
《象》曰：“震来虩虩”，恐致福

yě xiào yán yǎ yǎ hòu yǒu zé yě
也。“笑言哑哑”，后有则也。

liù èr zhèn lái lì yì sàng bèi jī yú jiǔ
六二：震来厉，亿丧贝③，跻于九

líng wù zhú qī rì dé
陵，勿逐，七日得④。

xiàng yuē zhèn lái lì chéng gāng yě
《象》曰：“震来厉”，乘刚也⑤。

liù sān zhèn sū sū zhèn xíng wú shěng
六三：震苏苏，震行无眚⑥。

xiàng yuē zhèn sū sū wèi bú dàng yě
《象》曰：“震苏苏”，位不当也。

注释

① 洊：重，再。
② 君子以恐惧修省：君子因为心怀恐惧就加强自身修养。
③ 震来厉，亿丧贝：震雷来得威猛，猜想要丧失钱财。厉，威猛。亿，即“臆”，猜度。贝，古代的货币。
④ 跻于九陵，勿逐，七日得：登上高陵，不用追赶，七天之后必将失而复得。跻，登上。九陵，高陵。
⑤ 乘刚也：登上阳刚之上。
⑥ 震苏苏，震行无眚：雷震时心内恐惧不安，在雷震中前行，因为惊恐小心就不会有过错。苏苏，恐惧不安。眚，过错。

jiǔ sì zhèn zhuì ní
九四：震遂泥①。

xiàng yuē zhèn zhuì ní wèi guāng yě
《象》曰："震遂泥"，未光也。

liù wǔ zhèn wǎng lái lì yì wú sàng yǒu shì
六五：震往来，厉②，亿无丧，有事③。

xiàng yuē zhèn wǎng lái lì wēi xíng yě
《象》曰："震往来厉"，危行也。

qí shì zài zhōng dà wú sàng yě
其事在中，大无丧也④。

shàng liù zhèn suǒ suǒ shì jué jué zhēng xiōng
上六：震索索，视矍矍⑤，征凶。

zhèn bù yú qí gōng yú qí lín wú jiù hūn gòu yǒu yán
震不于其躬于其邻⑥，无咎。婚媾有言⑦。

xiàng yuē zhèn suǒ suǒ zhōng wèi dé yě
《象》曰："震索索"，中未得也。

suī xiōng wú jiù wèi lín jiè yě
虽凶无咎，畏邻戒也⑧。

注释

① 震遂泥：震雷坠入泥中。遂，即"坠"，下坠。

② 震往来，厉：震雷上下来回，有危险。往来，雷电上下来回。厉，危险。

③ 亿无丧，有事：猜想不会有所损失，有祭祀活动。亿，即"臆"，猜度。有事，祭祀活动。

④ 其事在中，大无丧也：做事情守持中正之道，就可以没有损失。

⑤ 索索：畏缩。矍矍：恐惧不敢正视。

⑥ 震不于其躬于其邻：震雷没有震到自身，震动了邻居。躬，自身。

⑦ 婚媾有言：婚配之事必然有言语争端。有言，言语争执。

⑧ 虽凶无咎，畏邻戒也：虽然有凶险却没有灾祸，畏惧的邻居有了戒备。

易经下·艮卦第五十二

yì jīng xià gèn guà dì wǔ shí èr

gèn xià gèn shàng

䷳（艮下艮上）

gèn gèn qí bèi bú huò qí shēn xíng qí tíng bú jiàn qí rén wú jiù

艮[1]：艮其背，不获其身[2]，行其庭，不见其人，无咎[3]。

tuàn yuē gèn zhǐ yě shí zhǐ zé zhǐ shí xíng zé xíng dòng jìng bù shī qí shí qí dào guāng míng gèn qí zhǐ zhǐ qí suǒ yě shàng xià dí yìng bù xiāng yǔ yě shì yǐ bú huò qí shēn xíng qí tíng bú jiàn qí rén wú jiù yě

《彖》曰：艮，止也。时止则止，时行则行[4]，动静不失其时，其道光明[5]。艮其止，止其所也[6]。上下敌应，不相与也[7]。是以"不获其身，行其庭，不见其人，无咎"也。

注释

① 艮：卦名，意为静止。

② 艮其背，不获其身：静止在背后（以避免被发现），没有看到他的身体。

③ 行其庭，不见其人，无咎：在庭院中行走，看不见他的人，没有灾祸。

④ 时止则止，时行则行：应该停止时就停止，应该前行时就前行。

⑤ 动静不失其时，其道光明：运动和静止不失去时机，静止之道就光明。

⑥ 艮其止，止其所也：艮，静止，静止在适当的处所。

⑦ 上下敌应，不相与也：上位和下位敌对排斥，不相互帮助。敌应，敌对，不相适应。与，帮助。

xiàng yuē jiān shān gèn jūn zǐ yǐ sī bù chū qí wèi

《象》曰：兼山，艮①。君子以思不出其位②。

chū liù gèn qí zhǐ wú jiù lì yǒng zhēn

初六：艮其趾，无咎③，利永贞。

xiàng yuē gèn qí zhǐ wèi shī zhèng yě

《象》曰："艮其趾"，未失正也④。

liù èr gèn qí féi bù zhěng qí suí qí xīn bú kuài

六二：艮其腓，不拯其随⑤，其心不快。

xiàng yuē bù zhěng qí suí wèi tuì tīng yě

《象》曰："不拯其随"，未退听也⑥。

jiǔ sān gèn qí xiàn liè qí yín lì xūn xīn

九三：艮其限，列其夤，厉，熏心⑦。

xiàng yuē gèn qí xiàn wēi xūn xīn yě

《象》曰："艮其限"，危"熏心"也。

注释

① 兼山，艮：两山重叠就是艮卦。兼，重叠。

② 君子以思不出其位：君子思考不超出本位。

③ 艮其趾，无咎：抑止脚趾的运动，没有灾祸。

④ 未失正也：没有失去中正之道。

⑤ 艮其腓，不拯其随：抑止小腿的运动，不能举步跟上应随从的人。腓，小腿肚。拯，举步。

⑥ 未退听也：没有能退回听从下位。

⑦ "艮其限"句：抑止腰部的运动，夹脊肉断裂开，危险像火烧心。限，腰部。列，即"裂"，断裂。夤，夹脊肉。

liù sì gèn qí shēn wú jiù
六四：艮其身，无咎[①]。

xiàng yuē gèn qí shēn zhǐ zhū gōng yě
《象》曰："艮其身"，止诸躬也[②]。

liù wǔ gèn qí fǔ yán yǒu xù huǐ wáng
六五：艮其辅，言有序，悔亡[③]。

xiàng yuē gèn qí fǔ yǐ zhōng zhèng yě
《象》曰："艮其辅"，以中正也。

shàng jiǔ dūn gèn jí
上九：敦艮，吉[④]。

xiàng yuē dūn gèn zhī jí yǐ hòu zhōng yě
《象》曰："敦艮"之吉，以厚终也[⑤]。

注释

① 艮其身，无咎：抑止上身的运动，没有灾祸。身，上身。
② 止诸躬也：静止在自身。躬，自身。
③ "艮其辅"句：抑止牙床的运动（即谨慎出言），说话就有次序，悔恨就消亡。辅，牙床。
④ 敦艮，吉：敦厚静止，吉祥。敦，敦厚。
⑤ 以厚终也：用敦厚保持到终。

yì jīng xià　jiàn guà dì wǔ shí sān
易经下·渐卦第五十三

gèn xià xùn shàng
䷴（艮下巽上）

jiàn　nǚ guī jí　lì zhēn
渐①：女归吉，利贞②。

tuàn　yuē　jiàn zhī jìn yě　nǚ guī jí
《彖》曰：渐之进也，"女归吉"
yě　jìn dé wèi　wǎng yǒu gōng yě　jìn yǐ zhèng　kě
也③。进得位，往有功也④。进以正，可
yǐ zhèng bāng yě　qí wèi gāng dé zhōng yě　zhǐ ér xùn
以正邦也⑤。其位刚得中也⑥。止而巽，
dòng bù qióng yě
动不穷也⑦。

xiàng　yuē　shān shàng yǒu mù　jiàn　jūn zǐ yǐ
《象》曰：山上有木，渐⑧。君子以

注释

① 渐：卦名，意为进。
② 女归吉，利贞：女子出嫁吉祥，利于守正。归，出嫁。
③ 渐之进也，"女归吉"也：渐渐前进，女子出嫁吉祥。之，助词。
④ 进得位，往有功也：前进获得地位，前往必有功劳。
⑤ 进以正，可以正邦也：前进又能守正，就可以端正国家。
⑥ 其位刚得中也：它的位置既刚健又中正。
⑦ 止而巽，动不穷也：静止又谦逊，行动就不会困穷。巽，谦逊。
⑧ 山上有木，渐：山上有树，就是渐卦。

jū xián dé shàn sú
居贤德善俗①。

chū liù hóng jiàn yú gān xiǎo zǐ lì yǒu
初六：鸿渐于干②，小子厉，有

yán wú jiù
言③，无咎。

xiàng yuē xiǎo zǐ zhī lì yì wú jiù yě
《象》曰："小子"之厉，义无咎也。

liù èr hóng jiàn yú pán yǐn shí kàn kàn jí
六二：鸿渐于磐，饮食衎衎④，吉。

xiàng yuē yǐn shí kàn kàn bú sù bǎo yě
《象》曰："饮食衎衎"，不素饱也⑤。

jiǔ sān hóng jiàn yú lù fū zhēng bú fù fù yùn
九三：鸿渐于陆，夫征不复，妇孕

bú yù xiōng lì yù kòu
不育，凶⑥。利御寇。

xiàng yuē fū zhēng bú fù lí qún chǒu
《象》曰："夫征不复"，离群丑

yě fù yùn bú yù shī qí dào yě lì yòng yù
也⑦。"妇孕不育"，失其道也。"利用御

注释

① 君子以居贤德善俗：君子因此聚集美德来改善风俗。居，聚集，修养。善，改善，美化。

② 鸿渐于干：大雁渐进到水边。干，水边。

③ 小子厉，有言：小孩子到水边有危险，受到言语责骂。厉，危险。有言，受言语谴责。

④ 鸿渐于磐，饮食衎衎：大雁渐进到磐石上，饮食非常快乐祥和。衎衎，和乐的样子。

⑤ 素饱：素餐，不劳而食。

⑥ "鸿渐于陆"句：大雁渐进到陆地，丈夫出征没回来，妻子怀孕却流产了，凶。

⑦ 离群丑也：离开成群的同类。丑，类。

kòu shùn xiāng bǎo yě
寇”，顺相保也①。

liù sì hóng jiàn yú mù huò dé qí jué wú jiù
六四：鸿渐于木，或得其桷②，无咎。

xiàng yuē huò dé qí jué shùn yǐ xùn yě
《象》曰：“或得其桷”，顺以巽也③。

jiǔ wǔ hóng jiàn yú líng fù sān suì bú yùn zhōng mò zhī shèng jí
九五：鸿渐于陵，妇三岁不孕，终莫之胜④，吉。

xiàng yuē zhōng mò zhī shèng jí dé suǒ yuàn yě
《象》曰：“终莫之胜，吉”，得所愿也⑤。

shàng jiǔ hóng jiàn yú lù qí yǔ kě yòng wéi yí jí
上九：鸿渐于陆，其羽可用为仪⑥，吉。

xiàng yuē qí yǔ kě yòng wéi yí jí bù kě luàn yě
《象》曰：“其羽可用为仪，吉”，不可乱也。

注释

① 顺相保也：应该和顺互相保护。
② 桷：椽木，用来架屋的木条。
③ 顺以巽也：柔顺又谦逊。巽，谦逊。
④ 鸿渐于陵，妇三岁不孕，终莫之胜：大雁渐进到山坡上，妻子多年没有怀孕，但这并没有打得她。陵，山坡。
⑤ 得所愿也：得以实现心愿。
⑥ 鸿渐于陆，其羽可用为仪：大雁渐进到高山顶，它的羽毛美丽可以用作仪仗。陆，当作“阿”，高山。

易经下·归妹卦第五十四

䷵（兑下震上）

归妹①：征凶，无攸利②。

《彖》曰：归妹，天地之大义也③。天地不交，而万物不兴④。归妹，人之终始也⑤。说以动，所归妹也⑥。“征凶”，位不当也。“无攸利”，柔乘刚也。

《象》曰：泽上有雷，归妹⑦。君子

注释

① 归妹：卦名，意为嫁女。
② 征凶，无攸利：出征凶险，没有利益。
③ 归妹，天地之大义也：嫁女，是天经地义的事情。
④ 天地不交，而万物不兴：天和地不交合，则万物不产生。
⑤ 归妹，人之终始也：嫁女，是人类终而复始、生生不息的大事。
⑥ 说以动，所归妹也：少女喜悦又心动，这是嫁女的原因。说，即“悦”。
⑦ 泽上有雷，归妹：大泽上有雷电，就是归妹卦。

yǐ yǒng zhōng zhī bì
以永终知敝①。

chū jiǔ guī mèi yǐ dì bǒ néng lǚ zhēng jí
初九：归妹以娣，跛能履②，征吉。

xiàng yuē guī mèi yǐ dì yǐ héng yě
《象》曰："归妹以娣"，以恒也③。

bǒ néng lǚ jí xiāng chéng yě
"跛能履吉"，相承也④。

jiǔ èr miǎo néng shì lì yōu rén zhī zhēn
九二：眇能视，利幽人之贞⑤。

xiàng yuē lì yōu rén zhī zhēn wèi biàn cháng yě
《象》曰："利幽人之贞"，未变常也⑥。

liù sān guī mèi yǐ xū fǎn guī yǐ dì
六三：归妹以须，反归以娣⑦。

xiàng yuē guī mèi yǐ xū wèi dàng yě
《象》曰："归妹以须"，未当也。

注释

① 君子以永终知敝：君子既要知道夫妇应始终永结同心，又要知道夫妇之间的弊病。敝，即"弊"，弊病。

② 归妹以娣，跛能履：嫁女用妹陪嫁，就像跛足还能行走。娣，古代以妹陪姐同嫁一个丈夫，称妹为娣。履，行走。

③ 以恒也：这是常规。恒，常规。

④ 相承也：互相帮助。承，帮助。

⑤ 眇能视，利幽人之贞：眼睛不好还能看，利于女子守正。幽人，居住在幽深的房屋里的女子。

⑥ 未变常也：没有改变常规。

⑦ 归妹以须，反归以娣：嫁女用姐姐作陪嫁，妹妹被休弃回娘家。须，即"媭"，姐姐。反归，古代女子被丈夫休弃回娘家。

jiǔ sì guī mèi qiān qī chí guī yǒu shí

九四：归妹愆期，迟归有时①。

xiàng yuē qiān qī zhī zhì yǒu dài ér xíng yě

《象》曰："愆期"之志，有待而行也②。

liù wǔ dì yǐ guī mèi qí jūn zhī mèi bù rú qí dì zhī mèi liáng yuè jī wàng jí

六五：帝乙归妹③，其君之袂不如其娣之袂良④。月几望，吉⑤。

xiàng yuē dì yǐ guī mèi bù rú qí dì zhī mèi liáng yě qí wèi zài zhōng yǐ guì xíng yě

《象》曰："帝乙归妹"，"不如其娣之袂良"也。其位在中，以贵行也⑥。

shàng liù nǚ chéng kuāng wú shí shì kuī yáng wú xuè wú yōu lì

上六：女承筐无实⑦，士刲羊无血⑧，无攸利。

xiàng yuē shàng liù wú shí chéng xū kuāng yě

《象》曰：上六"无实"，承虚筐也。

注释

① 归妹愆期，迟归有时：嫁女超过了约定的嫁期，推迟出嫁，等待时期。愆期，延期。

② 有待而行也：有所等待再行动。

③ 帝乙归妹：帝乙嫁女。帝乙，殷纣王的父亲。

④ 其君之袂不如其娣之袂良：嫁为正室的姐姐的衣袖不如作为陪嫁的妹妹的衣袖好看。君，古代丈夫称妻子为君，此处指正室。袂，袖子。

⑤ 月几望，吉：月亮接近圆满，吉祥。几，接近。望，每月十五。

⑥ 其位在中，以贵行也：位置在正中，以尊贵的身份行事。

⑦ 女承筐无实：女子手捧竹筐，没有实物。承，手捧。

⑧ 士刲羊无血：男子宰羊，羊却没有流血。刲，屠宰。

yì jīng xià fēng guà dì wǔ shí wǔ
易经下·丰卦第五十五

lí xià zhèn shàng

䷶（离下震上）

fēng hēng wáng gé zhī wù yōu yí rì zhōng

丰①：亨，王假之②，勿忧，宜日中③。

tuàn yuē fēng dà yě míng yǐ dòng gù fēng wáng gé zhī shàng dà yě wù yōu yí rì zhōng yí zhào tiān xià yě rì zhōng zé zè yuè yíng zé shí tiān dì yíng xū yǔ shí xiāo xī ér kuàng yú rén hū kuàng yú guǐ shén hū

《彖》曰：丰，大也。明以动，故丰④。“王假之”，尚大也。“勿忧，宜日中”，宜照天下也。日中则昃，月盈则食⑤，天地盈虚，与时消息⑥，而况于人乎？况于鬼神乎？

注释

① 丰：卦名，意为大。

② 王假之：君王可以达到大的境界。假，即“格”，至。

③ 勿忧，宜日中：不用忧虑，应该如日中天，光芒四射。

④ 明以动，故丰：光明又运动不息，因此能大。

⑤ 日中则昃，月盈则食：太阳正中就会偏西，月亮满了就会亏蚀。昃，太阳倾斜。食，亏损，减少。

⑥ 天地盈虚，与时消息：天地的盈满和亏虚，随时间的改变而消长。消息，减少、增长。

《象》曰：雷电皆至，丰[①]。君子以折狱致刑[②]。

初九：遇其配主[③]，虽旬无咎，往有尚[④]。

《象》曰："虽旬无咎"，过旬灾也[⑤]。

六二：丰其蔀，日中见斗[⑥]，往得疑疾，有孚，发若[⑦]，吉。

《象》曰："有孚发若"，信以发志也[⑧]。

注释

① 雷电皆至，丰：雷雨和闪电一起到来，就是丰卦。

② 君子以折狱致刑：君子以此断案动刑。折狱，断案。致刑，动用刑罚。

③ 配主：适配之主。

④ 虽旬无咎，往有尚：虽然均等也无灾祸，前往必有嘉许。旬，即"均"，均平。尚，嘉。

⑤ 过旬灾也：超过了均等的界限必有灾祸。

⑥ 丰其蔀，日中见斗：扩大遮蔽太阳的阴云，正午的时候看见了北斗星。蔀，遮蔽，这里指遮蔽光明的阴云。

⑦ 往得疑疾，有孚，发若：前往得了怀疑的疾病，有诚信就能启发。孚，诚信。发，启发。若，语气词。

⑧ 信以发志也：用诚信发扬志向。

九三：丰其沛，日中见沬①，折其右肱②，无咎。

《象》曰："丰其沛"，不可大事也③。"折其右肱"，终不可用也。

九四：丰其蔀，日中见斗，遇其夷主④，吉。

《象》曰："丰其蔀"，位不当也。"日中见斗"，幽不明也⑤。"遇其夷主"，吉行也。

六五：来章，有庆誉⑥，吉。

注释

① 丰其沛，日中见沬：扩大遮蔽太阳的黑云，正中午看见了小星星。沬，即"昧"，小星。

② 右肱：右臂。

③ 不可大事也：不可以做大事。

④ 遇其夷主：遇到平衡之主。夷，平，均。

⑤ 幽不明也：幽暗不明。

⑥ 来章，有庆誉：得到文采，必有喜庆和荣誉。章，文章，文采。

xiàng yuē liù wǔ zhī jí yǒu qìng yě

《象》曰：六五之吉，有庆也。

shàng liù fēng qí wū bù qí jiā kuī qí hù

上六：丰其屋，蔀其家[1]，窥其户，

qù qí wú rén sān suì bù dí xiōng

阒其无人[2]，三岁不觌[3]，凶。

xiàng yuē fēng qí wū tiān jì xiáng yě

《象》曰："丰其屋"，天际翔也[4]。

kuī qí hù qù qí wú rén zì cáng yě

"窥其户，阒其无人"，自藏也[5]。

注释

① 丰其屋，蔀其家：扩大他的房屋，遮蔽他的家。

② 窥其户，阒其无人：从门缝窥视，里面寂静无人。阒，寂静。

③ 三岁不觌：多年没有看见。觌，见。

④ 天际翔也：（像鸟一样）在天边飞翔。

⑤ 自藏也：自我隐藏。

易经下·旅卦第五十六

_{yì jīng xià} _{lǚ guà dì wǔ shí liù}

_{gèn xià lí shàng}
（艮下离上）

_{lǚ} _{xiǎo hēng} _{lǚ zhēn jí}
旅①：小亨，旅贞吉②。

_{tuàn} _{yuē} _{lǚ} _{xiǎo hēng} _{róu dé zhōng hū}
《彖》曰："旅，小亨"，柔得中乎

_{wài ér shùn hū gāng} _{zhǐ ér lì hū míng} _{shì yǐ xiǎo}
外而顺乎刚③，止而丽乎明④，是以"小

_{hēng} _{lǚ zhēn jí} _{yě} _{lǚ zhī shí yì dà yǐ zāi}
亨，旅贞吉"也。旅之时义大矣哉！

_{xiàng} _{yuē} _{shān shàng yǒu huǒ} _{lǚ} _{jūn zǐ yǐ}
《象》曰：山上有火，旅⑤。君子以

_{míng shèn yòng xíng ér bù liú yù}
明慎用刑而不留狱⑥。

_{chū liù} _{lǚ suǒ suǒ} _{sī qí suǒ qǔ zāi}
初六：旅琐琐，斯其所取灾⑦。

注释

① 旅：卦名，意为商旅，行旅。

② 小亨，旅贞吉：小有亨通，商旅守正才能吉祥。

③ 柔得中乎外而顺乎刚：柔弱在外面得到了正中的位置，就应该顺从阳刚。

④ 止而丽乎明：静止附丽于光明。丽，附丽，附着。

⑤ 山上有火，旅：山上有火，就是旅卦。

⑥ 君子以明慎用刑而不留狱：君子用明决小心的态度使用刑罚而不拖延案件。

⑦ "旅琐琐"句：商旅疑虑不定，这是自取灾祸。琐琐，疑虑的样子。

xiàng yuē lǚ suǒ suǒ zhì qióng zāi yě
《象》曰："旅琐琐"，志穷灾也[1]。

liù èr lǚ jí cì huái qí zī dé tóng pú zhēn
六二：旅即次，怀其资[2]，得童仆，贞[3]。

xiàng yuē dé tóng pú zhēn zhōng wú yóu yě
《象》曰："得童仆贞"，终无尤也。

jiǔ sān lǚ fén qí cì sàng qí tóng pú zhēn lì
九三：旅焚其次，丧其童仆，贞厉[4]。

xiàng yuē lǚ fén qí cì yì yǐ shāng yǐ yǐ lǚ yǔ xià qí yì sàng yě
《象》曰："旅焚其次"，亦以伤矣。以旅与下，其义丧也[5]。

jiǔ sì lǚ yú chù dé qí zī fǔ wǒ xīn bú kuài
九四：旅于处，得其资斧，我心不快[6]。

xiàng yuē lǚ yú chù wèi dé wèi yě dé qí zī fǔ xīn wèi kuài yě
《象》曰："旅于处"，未得位也。"得其资斧"，心未快也。

liù wǔ shè zhì yì shǐ wáng zhōng yǐ yù mìng
六五：射雉，一矢亡，终以誉命[7]。

注释

① 志穷灾也：这是志向困穷所招来的灾祸。

② 旅即次，怀其资：到旅店住宿，怀里揣着钱财。即，就。次，旅店。资，钱财。

③ 得童仆，贞：得到男奴隶，吉祥。童仆，男奴隶。

④ "旅焚其次"句：旅店被焚烧，丧失了男奴隶，此时守正可以防凶。

⑤ 以旅与下，其义丧也：把下人看作商旅，就丧失了道义。下，童仆。

⑥ "旅于处"句：住在临时住处，赚得了钱币，但内心还是不痛快。处，临时住处。资斧，钱币。

⑦ "射雉"句：射野鸡，只有一支箭没有射中，最终获得了善射的美名。誉命，美名。

xiàng yuē zhōng yǐ yù mìng shàng dài yě
《象》曰："终以誉命"，上逮也①。

shàng jiǔ niǎo fén qí cháo lǚ rén xiān xiào hòu háo táo
上九：鸟焚其巢，旅人先笑后号咷②。

sàng niú yú yì xiōng
丧牛于易③，凶。

xiàng yuē yǐ lǚ zài shàng qí yì fén yě
《象》曰：以旅在上，其义焚也④。

sàng niú yú yì zhōng mò zhī wén yě
"丧牛于易"，终莫之闻也⑤。

yì jīng xià xùn guà dì wǔ shí qī
易经下·巽卦第五十七

xùn xià xùn shàng
䷸（巽下巽上）

xùn xiǎo hēng lì yǒu yōu wǎng lì jiàn dà rén
巽⑥：小亨，利有攸往，利见大人。

tuàn yuē chóng xùn yǐ shēn mìng gāng xùn hū
《彖》曰：重巽以申命⑦，刚巽乎

注释

① 上逮也：是在上位的尊者给予的。逮，及。
② 鸟焚其巢，旅人先笑后号咷：鸟巢被焚烧，商旅先笑后又嚎啕大哭。
③ 丧牛于易：在田畔丧失了牛。易，即"埸"，田畔。
④ 以旅在上，其义焚也：以商旅的身份却居于上位，按照道理应该被火烧。
⑤ 终莫之闻也：最终不会有人知道。
⑥ 巽：卦名，意为顺从，柔顺。
⑦ 重巽以申命：上下皆顺从就可以发布命令了。重巽，上下皆顺从。申命，发布命令，再三命令。

zhōng zhèng ér zhì xíng róu jiē shùn hū gāng shì yǐ
中正而志行①。柔皆顺乎刚②，是以

xiǎo hēng lì yǒu yōu wǎng lì jiàn dà rén
“小亨，利有攸往，利见大人”。

xiàng yuē suí fēng xùn jūn zǐ yǐ shēn mìng
《象》曰：随风，巽③。君子以申命

xíng shì
行事。

chū liù jìn tuì lì wǔ rén zhī zhēn
初六：进退利武人之贞④。

xiàng yuē jìn tuì zhì yí yě lì wǔ
《象》曰：“进退”，志疑也。“利武

rén zhī zhēn zhì zhì yě
人之贞”，志治也⑤。

jiǔ èr xùn zài chuáng xià yòng shǐ wū fēn ruò
九二：巽在床下⑥，用史巫纷若⑦，

jí wú jiù
吉，无咎。

xiàng yuē fēn ruò zhī jí dé zhōng yě
《象》曰：“纷若”之吉，得中也⑧。

注释

① 刚巽乎中正而志行：刚健顺从中正之道，志向就能实行。
② 柔皆顺乎刚：阴柔都要顺从刚健。
③ 随风，巽：风随着风，就是巽卦。
④ 进退利武人之贞：进退不定，有利于武人守正。
⑤ 志治也：心志安定。
⑥ 巽在床下：顺服在神案下。巽，顺服。床，神案。
⑦ 用史巫纷若：用祝史、巫觋乱纷纷地向神祷告。史，祝史，向神祷告的人。巫，巫觋，降神的人。纷若，纷乱貌。
⑧ 得中也：得到了中正之道。

九三：频巽，吝[1]。

《象》曰："频巽"之吝，志穷也[2]。

六四：悔亡，田获三品[3]。

《象》曰："田获三品"，有功也。

九五：贞吉，悔亡，无不利，无初有终[4]。先庚三日，后庚三日[5]，吉。

《象》曰：九五之吉，位正中也。

上九：巽在床下，丧其资斧，贞凶[6]。

《象》曰："巽在床下"，上穷也[7]。"丧其资斧"，正乎凶也[8]。

注释

① 频巽，吝：勉强顺从，就会有遗憾。频，即"颦"，皱眉，表示勉强。

② 志穷也：心志穷困。

③ 田获三品：打猎获得很多猎物。田，田猎、打猎。三，表示多。

④ 无初有终：最初不顺利，最后有善终。

⑤ 先庚三日，后庚三日：古代以甲、乙、丙、丁、戊、己、庚、辛、壬、癸十天干记日。庚日的前三天是丁日，庚日的后三天是癸日。

⑥ 丧其资斧，贞凶：丧失了钱财，守正可以防凶。

⑦ 上穷也：上位到了穷尽之处。

⑧ 正乎凶也：守正可以防止凶险。

yì jīng xià　duì guà dì wǔ shí bā

易经下·兑卦第五十八

duì xià duì shàng

䷹（兑下兑上）

duì　hēng　lì zhēn

兑①：亨，利贞。

tuàn　yuē　duì　yuè yě　gāng zhōng ér róu wài　yuè yǐ lì zhēn　shì yǐ shùn hū tiān ér yìng hū rén　yuè yǐ xiān mín　mín wàng qí láo　yuè yǐ fàn nán　mín wàng qí sǐ　yuè zhī dà　mín quàn yǐ zāi

《彖》曰：兑，说也②。刚中而柔外，说以利贞③，是以顺乎天而应乎人④。说以先民，民忘其劳⑤。说以犯难，民忘其死⑥。说之大，民劝矣哉⑦！

xiàng　yuē　lì zé　duì　jūn zǐ yǐ péng yǒu

《象》曰：丽泽，兑⑧。君子以朋友

注释

① 兑：卦名，意为喜悦。
② 说：即“悦”，喜悦。
③ 刚中而柔外，说以利贞：刚健其里，温柔其外，喜悦利于守正。
④ 是以顺乎天而应乎人：因此顺从天又和人相呼应。
⑤ 说以先民，民忘其劳：先于人民劳苦以使人民高兴，人民就会忘记自己的劳累。
⑥ 说以犯难，民忘其死：先于人民犯难而行以使人民高兴，人民就会舍生忘死。
⑦ 说之大，民劝矣哉：喜悦的意义重大，人民得到了鼓励。劝，鼓励。
⑧ 丽泽，兑：两泽相连，就是兑卦。丽，相连。

讲习①。

初九：和兑，吉②。

《象》曰："和兑"之吉，行未疑也③。

九二：孚兑④，吉，悔亡。

《象》曰："孚兑"之吉，信志也⑤。

六三：来兑，凶⑥。

《象》曰："来兑"之凶，位不当也⑦。

九四：商兑未宁，介疾有喜⑧。

《象》曰：九四之喜，有庆也。

注释

① 君子以朋友讲习：君子因此和朋友互相讨论学习。讲习，互相讨论学习。
② 和兑，吉：中和喜悦，吉祥。
③ 行未疑也：行为没有受到怀疑。
④ 孚兑：诚信喜悦。孚，诚信。
⑤ 信志也：诚信的志向。
⑥ 来兑，凶：前来谋求喜悦，凶险。
⑦ 位不当也：位置不适当。
⑧ 商兑未宁，介疾有喜：前来商谈喜悦之事，内心不安宁，虽有些小病，最终有喜庆。介疾，小病。

九五：孚于剥，有厉①。

《象》曰："孚于剥"，位正当也②。

上六：引兑③。

《象》曰：上六"引兑"，未光也④。

注释

① 孚于剥，有厉：对小人讲诚信，有危险。剥，指小人。
② 位正当也：位置中正适当。
③ 引兑：引发别人一起喜悦。
④ 未光也：没有光明正大。

易经下 · 涣卦第五十九

䷺（坎下巽上）

涣[1]：亨，王假有庙[2]，利涉大川，利贞。

《彖》曰：涣，亨，刚来而不穷，柔得位乎外而上同[3]。“王假有庙”，王乃在中也[4]。“利涉大川”，乘木有功也[5]。

《象》曰：风行水上，涣[6]。先王以

注释

① 涣：卦名，意为涣散。
② 假：即“格”。至，到。有庙：宗庙，“有”为词头，无意。
③ 刚来而不穷，柔得位乎外而上同：刚健到来而不穷困，阴柔在外面得到位置而与上位相同。
④ 王乃在中也：君王居在中位。
⑤ 乘木有功也：乘坐木船前往一定有功劳。木，木船。
⑥ 风行水上，涣：风从水面上吹过，就是涣卦。

xiǎng yú dì lì miào
享于帝，立庙[①]。

chū liù yòng zhěng mǎ zhuàng jí
初六：用拯马壮，吉[②]。

xiàng yuē chū liù zhī jí shùn yě
《象》曰：初六之吉，顺也[③]。

jiǔ èr huàn bēn qí jī huǐ wáng
九二：涣奔其机，悔亡[④]。

xiàng yuē huàn bēn qí jī dé yuàn yě
《象》曰："涣奔其机"，得愿也[⑤]。

liù sān huàn qí gōng wú huǐ
六三：涣其躬，无悔[⑥]。

xiàng yuē huàn qí gōng zhì zài wài yě
《象》曰："涣其躬"，志在外也[⑦]。

liù sì huàn qí qún yuán jí huàn yǒu qiū
六四：涣其群，元吉[⑧]。涣有丘，

fěi yí suǒ sī
匪夷所思[⑨]。

注释

① 先王以享于帝，立庙：先代的君王因此祭祀天帝，建立宗庙。享，祭祀。

② 用拯马壮，吉：用健壮的马拯救，吉祥。拯，拯救，拯济。

③ 初六之吉，顺也：初六爻的吉祥，是来自顺从。

④ 涣奔其机，悔亡：涣散之时奔向台阶，悔恨消亡。机，帛书《周易》作"阶"，台阶。

⑤ 得愿也：愿望得以实现。

⑥ 涣其躬，无悔：涣散自身，没有悔恨。

⑦ 志在外也：志向在外面。

⑧ 涣其群，元吉：涣散朋党，大吉。群，朋党。

⑨ 涣有丘，匪夷所思：涣散中有聚，这不是平常人所能想到的。丘，山丘，有"聚"的意思。匪，非。夷，平常。

xiàng yuē huàn qí qún yuán jí guāng dà yě
《象》曰：“涣其群，元吉”，光大也[1]。

jiǔ wǔ huàn hàn qí dà hào huàn wáng jū wú jiù
九五：涣汗其大号，涣王居，无咎[2]。

xiàng yuē wáng jū wú jiù zhèng wèi yě
《象》曰：“王居无咎”，正位也[3]。

shàng jiǔ huàn qí xù qù tì chū wú jiù
上九：涣其血去逖出，无咎[4]。

xiàng yuē huàn qí xù yuǎn hài yě
《象》曰：“涣其血”，远害也[5]。

yì jīng xià jié guà dì liù shí
易经下 · 节卦第六十

duì xià kǎn shàng
䷻（兑下坎上）

jié hēng kǔ jié bù kě zhēn
节[6]：亨。苦节，不可贞[7]。

注释

① 光大也：正大光明。
② “涣汗其大号”句：像发散汗水那样，施用盛大的号令，疏散君王聚集的财产（救济天下之难），就可以没有灾祸了。涣汗，散汗。大号，盛大的号令。王居，君王聚集的财产。
③ 正位也：位置端正。
④ “涣其血”句：散去忧虑，警惕出来，没有害。血，即“恤”，忧虑。逖，即“惕”。
⑤ 远害也：远离灾害。
⑥ 节：卦名，意为节制。
⑦ 苦节，不可贞：以节制为苦，不可以守正。

tuàn yuē jié hēng gāng róu fēn ér gāng dé
《彖》曰：节，亨，刚柔分而刚得
zhōng kǔ jié bù kě zhēn qí dào qióng yě yuè yǐ
中①。“苦节不可贞”，其道穷也②。说以
xíng xiǎn dāng wèi yǐ jié zhōng zhèng yǐ tōng tiān dì
行险，当位以节，中正以通③。天地
jié ér sì shí chéng jié yǐ zhì dù bù shāng cái bú
节而四时成，节以制度，不伤财，不
hài mín
害民④。

xiàng yuē zé shàng yǒu shuǐ jié jūn zǐ yǐ
《象》曰：泽上有水，节⑤。君子以
zhì shù dù yì dé xíng
制数度，议德行⑥。

chū jiǔ bù chū hù tíng wú jiù
初九：不出户庭，无咎⑦。

xiàng yuē bù chū hù tíng zhī tōng sè yě
《象》曰：“不出户庭”，知通塞也⑧。

注释

① 刚柔分而刚得中：阳刚和阴柔分开而阳刚居中。
② 道穷：道义必然穷困。
③ “说以行险”句：喜悦冒险，位置适当并能加以节俭，就能中正亨通。说，即“悦”。
④ “天地节而四时成”句：天地有节制，四季就能循环运行，通过建立制度来节制，就可以不浪费钱财，不伤害人民。
⑤ 泽上有水，节：大泽上有水，就是节卦。
⑥ 君子以制数度，议德行：君子因此制定礼数法度，议定道德行为（的标准）。数度，礼数、法度。德行，道德行为。
⑦ 不出户庭，无咎：不出家门，没有灾害。户庭，家门。
⑧ 知通塞也：知道畅通和阻塞。

jiǔ èr bù chū mén tíng xiōng
九二：不出门庭，凶[①]。

xiàng yuē bù chū mén tíng xiōng shī shí jí yě
《象》曰："不出门庭凶"，失时极也[②]。

liù sān bù jié ruò zé jiē ruò wú jiù
六三：不节若，则嗟若，无咎[③]。

xiàng yuē bù jié zhī jiē yòu shuí jiù yě
《象》曰："不节"之嗟，又谁咎也[④]？

liù sì ān jié hēng
六四：安节，亨[⑤]。

xiàng yuē ān jié zhī hēng chéng shàng dào yě
《象》曰："安节"之亨，承上道也[⑥]。

jiǔ wǔ gān jié jí wǎng yǒu shàng
九五：甘节，吉，往有尚[⑦]。

xiàng yuē gān jié zhī jí jū wèi zhōng yě
《象》曰："甘节"之吉，居位中也[⑧]。

shàng liù kǔ jié zhēn xiōng huǐ wáng
上六：苦节，贞凶，悔亡[⑨]。

xiàng yuē kǔ jié zhēn xiōng qí dào qióng yě
《象》曰："苦节贞凶"，其道穷也[⑩]。

注释

① 不出门庭，凶：不出外院，凶险。门庭，外院。
② 失时极也：丧失时机。时极，时机。
③ "不节若"句：不节制，就嗟叹，没有灾祸。若，语气词。
④ 又谁咎也：又怪罪谁呢？
⑤ 安节，亨：安于节制，亨通。
⑥ 承上道也：顺承上位之道。
⑦ "甘节"句：甘心节俭，吉祥，前往必被崇尚。
⑧ 居位中也：所居之位中正。
⑨ "苦节"句：以节制为苦，守正可以防凶，悔恨消亡。
⑩ 其道穷也：节制之道已经穷尽。

易经下·中孚卦第六十一

yì jīng xià zhōng fú guà dì liù shí yì

䷼（兑下巽上）

duì xià xùn shàng

中孚[1]：豚鱼，吉[2]，利涉大川，利贞。

zhōng fú tún yú jí lì shè dà chuān lì zhēn

《彖》曰：中孚，柔在内而刚得中[3]。说而巽，孚乃化邦也[4]。“豚鱼吉”，信及豚鱼也[5]。“利涉大川”，乘木舟虚也[6]。中孚以利贞，乃应乎天也[7]。

tuàn yuē zhōng fú róu zài nèi ér gāng dé zhōng yuè ér xùn fú nǎi huà bāng yě tún yú jí xìn jí tún yú yě lì shè dà chuān chéng mù zhōu xū yě zhōng fú yǐ lì zhēn nǎi yìng hū tiān yě

《象》曰：泽上有风，中孚[8]。君

xiàng yuē zé shàng yǒu fēng zhōng fú jūn

注释

① 中孚：卦名，意为诚信。
② 豚鱼，吉：用小猪、鱼祭祀，吉祥。
③ 柔在内而刚得中：阴柔在内部，阳刚得到正中的位置。
④ 说而巽，孚乃化邦也：喜悦又顺从，诚信就可以感化整个国家。说，即“悦”。巽，顺从。孚，诚信。化邦，感化整个国家。
⑤ 信及豚鱼也：诚信施及于小猪、鱼。
⑥ 乘木舟虚也：乘坐空着的木船。
⑦ 乃应乎天也：和天相呼应。
⑧ 泽上有风，中孚：大泽上有风，就是中孚卦。

zǐ yǐ yì yù huǎn sǐ
子以议狱缓死[1]。

chū jiǔ yú jí yǒu tā bú yàn
初九：虞吉，有它不燕[2]。

xiàng yuē chū jiǔ yú jí zhì wèi biàn yě
《象》曰：初九虞吉，志未变也[3]。

jiǔ èr míng hè zài yīn qí zǐ hè zhī wǒ
九二：鸣鹤在阴，其子和之[4]。我

yǒu hǎo jué wú yǔ ěr mí zhī
有好爵，吾与尔靡之[5]。

xiàng yuē qí zǐ hè zhī zhōng xīn yuàn yě
《象》曰："其子和之"，中心愿也[6]。

liù sān dé dí huò gǔ huò pí huò qì huò gē
六三：得敌，或鼓或罢，或泣或歌[7]。

注释

① 君子以议狱缓死：君子因此审议案件，宽缓死刑。

② 虞吉，有它不燕：安宁可获吉祥，有变故则不安宁。虞，安。有它，有变故。燕，即"宴"，安。

③ 志未变也：志向没有改变。

④ 鸣鹤在阴，其子和之：鹤在树荫中鸣叫，它的同类齐声应和。阴，即"荫"，树荫。其子，它的同类。

⑤ 我有好爵，吾与尔靡之：我有美酒，我甘愿与你共同分享。爵，酒杯，这里指代美酒。靡，共。

⑥ 中心愿也：这是内心的愿望。中心，内心。

⑦ "得敌"句：战胜后俘获敌人，有的人击鼓，有的人疲惫，有的人哭泣，有的人歌唱。罢，即"疲"。

xiàng yuē huò gǔ huò pí wèi bú dàng yě
《象》曰："或鼓或罢"，位不当也①。

liù sì yuè jī wàng mǎ pǐ wáng wú jiù
六四：月几望，马匹亡，无咎②。

xiàng yuē mǎ pǐ wáng jué lèi shàng yě
《象》曰："马匹亡"，绝类上也③。

jiǔ wǔ yǒu fú luán rú wú jiù
九五：有孚挛如，无咎④。

xiàng yuē yǒu fú luán rú wèi zhèng dàng yě
《象》曰："有孚挛如"，位正当也。

shàng jiǔ hàn yīn dēng yú tiān zhēn xiōng
上九：翰音登于天，贞凶⑤。

xiàng yuē hàn yīn dēng yú tiān hé kě cháng yě
《象》曰："翰音登于天"，何可长也？

注释

① 罢：即"疲"。位不当也：位置不适当。

② "月几望"句：月亮接近圆满，马匹逃跑，没有过错。几，接近。望，每月的十五，月圆的时候。亡，逃跑。

③ 绝类上也：杜绝和上位相类似。

④ 有孚挛如，无咎：用诚信牵挂天下，没有灾祸。孚，诚信。挛，牵挂。如，语气词。

⑤ 翰音登于天，贞凶：高飞的鸟儿在天空鸣叫，守正可以防凶。翰音，高飞的鸟儿的鸣叫声。

鹤

易经下·小过卦第六十二

yì jīng xià xiǎo guò guà dì liù shí èr

gèn xià zhèn shàng

䷽（艮下震上）

xiǎo guò hēng lì zhēn kě xiǎo shì bù kě dà shì fēi niǎo yí zhī yīn bù yí shàng yí xià dà jí

小过[①]：亨，利贞，可小事，不可大事[②]。飞鸟遗之音，不宜上，宜下，大吉[③]。

tuàn yuē xiǎo guò xiǎo zhě guò ér hēng yě guò yǐ lì zhēn yǔ shí xíng yě róu dé zhōng shì yǐ xiǎo shì jí yě gāng shī wèi ér bù zhōng shì yǐ bù kě dà shì yě yǒu fēi niǎo zhī xiàng yān fēi niǎo yí

《彖》曰：小过，小者过而亨也[④]。过以利贞，与时行也[⑤]。柔得中，是以小事吉也[⑥]。刚失位而不中，是以“不可大事”也[⑦]。有飞鸟之象焉，“飞鸟遗

注释

① 小过：卦名，意为稍微超过。
② 可小事，不可大事：可以做小事，不可以做大事。
③ “飞鸟遗之音”句：飞鸟留下鸣叫声，不适宜向上飞，适宜向下飞，大吉。
④ 小者过而亨也：小事情稍微超过可以亨通。
⑤ 过以利贞，与时行也：超过可以利于守正，可以随时机而实行。
⑥ 柔得中，是以小事吉也：阴柔得到正中的位置，因此小事情吉祥。
⑦ 刚失位而不中，是以“不可大事”也：阳刚丧失了位置又不居中，因此不可以做大事。

zhī yīn bù yí shàng yí xià dà jí shàng nì ér
之音，不宜上，宜下，大吉”，上逆而
xià shùn yě
下顺也[①]。

xiàng yuē shān shàng yǒu léi xiǎo guò jūn zǐ
《象》曰：山上有雷，小过[②]。君子
yǐ xíng guò hū gōng sāng guò hū āi yòng guò hū jiǎn
以行过乎恭，丧过乎哀，用过乎俭[③]。

chū liù fēi niǎo yǐ xiōng
初六：飞鸟以凶[④]。

xiàng yuē fēi niǎo yǐ xiōng bù kě rú hé yě
《象》曰：“飞鸟以凶”，不可如何也[⑤]。

liù èr guò qí zǔ yù qí bǐ bù jí qí
六二：过其祖，遇其妣[⑥]。不及其
jūn yù qí chén wú jiù
君，遇其臣[⑦]，无咎。

xiàng yuē bù jí qí jūn chén bù kě guò yě
《象》曰：“不及其君”，臣不可过也[⑧]。

注释

① 上逆而下顺也：向上飞艰难，向下飞顺利。
② 山上有雷，小过：山上有雷电，就是小过卦。
③ “君子以行过乎恭”句：君子因此行为稍过谦恭，丧事稍过悲哀，用度稍过节俭。
④ 飞鸟以凶：飞鸟飞过，将有凶险。
⑤ 不可如何也：不能怎么样。
⑥ 过：批评。祖：祖父。遇：赞扬。妣：祖母。
⑦ 不及其君，遇其臣：指出君主的不足之处，赞扬大臣。不及，不足之处。
⑧ 臣不可过也：大臣不可超过君主。

九三：弗过防之①，从或戕之②，凶。

《象》曰："从或戕之"，"凶"如何也③？

九四：无咎，弗过遇之④，往厉必戒，勿用永贞⑤。

《象》曰："弗过遇之"，位不当也。"往厉必戒"，终不可长也。

六五：密云不雨，自我西郊⑥，公弋取彼在穴⑦。

《象》曰："密云不雨"，已上也⑧。

注释

① 弗过防之：不要有过失，但要防备过失。过，过失。
② 从或戕之：放纵就会受到伤害。从，即"纵"。戕，伤害。
③ 凶如何也：凶险会怎么样。
④ 无咎，弗过遇之：没有过错，就不要批评，要表扬。过，批评。
⑤ 往厉必戒，勿用永贞：前往有危险，必须小心警戒，不利于长久守正。
⑥ 密云不雨，自我西郊：乌云密布但没有下雨，乌云来自我们的城西。
⑦ 公弋取彼在穴：王公射箭，从洞穴中取得猎物。弋，射。
⑧ 已上也：已经升上高空。

上六：<ruby>弗<rt>fú</rt></ruby><ruby>遇<rt>yù</rt></ruby><ruby>过<rt>guò</rt></ruby><ruby>之<rt>zhī</rt></ruby>①，<ruby>飞<rt>fēi</rt></ruby><ruby>鸟<rt>niǎo</rt></ruby><ruby>离<rt>lí</rt></ruby><ruby>之<rt>zhī</rt></ruby>，<ruby>凶<rt>xiōng</rt></ruby>，

<ruby>是<rt>shì</rt></ruby><ruby>谓<rt>wèi</rt></ruby><ruby>灾<rt>zāi</rt></ruby><ruby>眚<rt>shěng</rt></ruby>。

《<ruby>象<rt>xiàng</rt></ruby>》<ruby>曰<rt>yuē</rt></ruby>："<ruby>弗<rt>fú</rt></ruby><ruby>遇<rt>yù</rt></ruby><ruby>过<rt>guò</rt></ruby><ruby>之<rt>zhī</rt></ruby>"，<ruby>已<rt>yǐ</rt></ruby><ruby>亢<rt>kàng</rt></ruby><ruby>也<rt>yě</rt></ruby>②。

<ruby>易<rt>yì</rt></ruby><ruby>经<rt>jīng</rt></ruby><ruby>下<rt>xià</rt></ruby>·<ruby>既<rt>jì</rt></ruby><ruby>济<rt>jì</rt></ruby><ruby>卦<rt>guà</rt></ruby><ruby>第<rt>dì</rt></ruby><ruby>六<rt>liù</rt></ruby><ruby>十<rt>shí</rt></ruby><ruby>三<rt>sān</rt></ruby>

䷾（<ruby>离<rt>lí</rt></ruby><ruby>下<rt>xià</rt></ruby><ruby>坎<rt>kǎn</rt></ruby><ruby>上<rt>shàng</rt></ruby>）

<ruby>既<rt>jì</rt></ruby><ruby>济<rt>jì</rt></ruby>③：<ruby>亨<rt>hēng</rt></ruby>，<ruby>小<rt>xiǎo</rt></ruby><ruby>利<rt>lì</rt></ruby><ruby>贞<rt>zhēn</rt></ruby>④，<ruby>初<rt>chū</rt></ruby><ruby>吉<rt>jí</rt></ruby><ruby>终<rt>zhōng</rt></ruby><ruby>乱<rt>luàn</rt></ruby>⑤。

《<ruby>彖<rt>tuàn</rt></ruby>》<ruby>曰<rt>yuē</rt></ruby>：<ruby>既<rt>jì</rt></ruby><ruby>济<rt>jì</rt></ruby>，<ruby>亨<rt>hēng</rt></ruby>，<ruby>小<rt>xiǎo</rt></ruby><ruby>者<rt>zhě</rt></ruby><ruby>亨<rt>hēng</rt></ruby><ruby>也<rt>yě</rt></ruby>⑥。

"<ruby>利<rt>lì</rt></ruby><ruby>贞<rt>zhēn</rt></ruby>"，<ruby>刚<rt>gāng</rt></ruby><ruby>柔<rt>róu</rt></ruby><ruby>正<rt>zhèng</rt></ruby><ruby>而<rt>ér</rt></ruby><ruby>位<rt>wèi</rt></ruby><ruby>当<rt>dàng</rt></ruby><ruby>也<rt>yě</rt></ruby>⑦。"<ruby>初<rt>chū</rt></ruby><ruby>吉<rt>jí</rt></ruby>"，

注释

① "弗遇过之"句：不要赞扬，要批评，飞鸟遭遇射杀，凶险，这就是灾祸。离，即"罹"，遭遇。眚，灾祸。

② 已亢也：已经过分了。亢，极高。

③ 既济：卦名，意为成功渡河。

④ 亨，小利贞：亨通，在小事上利于守正。

⑤ 初吉终乱：当初是吉祥的，最终陷入祸乱。

⑥ 小者亨也：小事利于亨通。

⑦ 刚柔正而位当也：阳刚和阴柔得到端正，位置就得当。

róu dé zhōng yě zhōng zhǐ zé luàn qí dào qióng yě
柔得中也[1]。终止则乱，其道穷也[2]。

xiàng yuē shuǐ zài huǒ shàng jì jì jūn zǐ
《象》曰：水在火上，既济[3]。君子
yǐ sī huàn ér yù fáng zhī
以思患而豫防之[4]。

chū jiǔ yè qí lún rú qí wěi wú jiù
初九：曳其轮，濡其尾，无咎[5]。

xiàng yuē yè qí lún yì wú jiù yě
《象》曰："曳其轮"，义无咎也[6]。

liù èr fù sàng qí fú wù zhú qī rì dé
六二：妇丧其茀，勿逐，七日得[7]。

xiàng yuē qī rì dé yǐ zhōng dào yě
《象》曰："七日得"，以中道也[8]。

jiǔ sān gāo zōng fá guǐ fāng sān nián kè zhī
九三：高宗伐鬼方，三年克之[9]，
xiǎo rén wù yòng
小人勿用[10]。

注释

① 柔得中也：阴柔得到中正之位。
② 终止则乱，其道穷也：停止就会有祸乱，它的道义已经穷尽了。终止，停止。
③ 水在火上，既济：水在火上，就是既济卦。
④ 君子以思患而豫防之：君子思虑忧患而预先有所防备。豫，即"预"，预先。
⑤ "曳其轮"句：拖住车轮，濡湿尾巴，没有过错。曳，拖。濡，湿。
⑥ 义无咎也：按道理没有过错。
⑦ "妇丧其茀"句：妇人丧失了头巾，不要寻找，七天后就能得到。茀，头巾。
⑧ 以中道也：因为守持中正之道。
⑨ 高宗伐鬼方，三年克之：武丁讨伐鬼方，三年才攻克。高宗，殷王武丁。鬼方，北方少数民族。
⑩ 小人勿用：不要使用小人。

xiàng yuē sān nián kè zhī bèi yě
《象》曰：“三年克之”，惫也①。

liù sì rú yǒu yī rú zhōng rì jiè
六四：繻有衣袽，终日戒②。

xiàng yuē zhōng rì jiè yǒu suǒ yí yě
《象》曰：“终日戒”，有所疑也。

jiǔ wǔ dōng lín shā niú bù rú xī lín zhī yuè jì shí shòu qí fú
九五：东邻杀牛，不如西邻之禴祭，实受其福③。

xiàng yuē dōng lín shā niú bù rú xī lín zhī shí yě shí shòu qí fú jí dà lái yě
《象》曰：“东邻杀牛”，“不如西邻”之时也④。“实受其福”，吉大来也⑤。

shàng liù rú qí shǒu lì
上六：濡其首，厉⑥。

xiàng yuē rú qí shǒu lì hé kě jiǔ yě
《象》曰：“濡其首厉”，何可久也⑦？

注释

① 惫：疲惫。
② 繻有衣袽，终日戒：华美的服饰最终要变成破烂的衣服，必须整日戒备。繻，彩色的丝织品，在这里指华美的服饰。有，将要。袽，破烂的衣服。
③ 东邻杀牛，不如西邻之禴祭，实受其福：东边的邻居杀牛祭祀，不如西边的邻居用微薄的祭品祭祀，实实在在受到神的福佑。杀牛，表示祭祀用厚礼。禴，祭祀用微薄的祭品。
④ “不如西邻”之时也：不如西边的邻居适合时宜。
⑤ 吉大来也：吉祥将不断前来。
⑥ 濡其首，厉：沾湿了头，有危险。
⑦ 何可久也：怎么能长久呢？

易经下·未济卦第六十四

䷿（坎下离上）

未济①：亨，小狐汔济，濡其尾，无攸利②。

《彖》曰：未济，亨，柔得中也③。“小狐汔济”，未出中也④。“濡其尾无攸利”，不续终也⑤。虽不当位，刚柔应也⑥。

《象》曰：火在水上，未济⑦。君子

注释

① 未济：卦名，意为渡河未成，象征事情未成功。
② 小狐汔济，濡其尾，无攸利：小狐狸渡河接近成功，河水沾湿了它的尾巴，没有利益。汔，接近。濡，沾湿。
③ 柔得中也：阴柔占得中位。
④ 未出中也：没有超出中正的位置。
⑤ 不续终也：不能持续到最终。
⑥ 虽不当位，刚柔应也：虽然位置不适当，阳刚和阴柔能互相呼应。
⑦ 火在水上，未济：火在水上，就是未济卦。

yǐ shèn biàn wù jū fāng
以慎辨物居方①。

chū liù rú qí wěi lìn
初六：濡其尾，吝②。

xiàng yuē rú qí wěi yì bù zhī jí yě
《象》曰："濡其尾"，亦不知极也③。

jiǔ èr yè qí lún zhēn jí
九二：曳其轮，贞吉④。

xiàng yuē jiǔ èr zhēn jí zhōng yǐ xíng zhèng yě
《象》曰：九二"贞吉"，中以行正也⑤。

liù sān wèi jì zhēng xiōng lì shè dà chuān
六三：未济，征凶，利涉大川⑥。

xiàng yuē wèi jì zhēng xiōng wèi bú dàng yě
《象》曰："未济征凶"，位不当也⑦。

jiǔ sì zhēn jí huǐ wáng zhèn yòng fá guǐ fāng
九四：贞吉，悔亡，震用伐鬼方，

注释

① 君子以慎辨物居方：君子因此谨慎地辨别事物，选择适当的居住方位。居方，所居方位适当。
② 濡其尾，吝：沾湿了尾巴，有困难。
③ 亦不知极也：也太不知道守持中道了。极，中。
④ 曳其轮，贞吉：拖住车轮，守正吉祥。曳，拖。
⑤ 中以行正也：坚守中道所以行为端正。
⑥ "未济"句：没有成功，出征凶险，利于渡过大河。
⑦ 位不当也：位置不适当。

<ruby>三<rt>sān</rt></ruby><ruby>年<rt>nián</rt></ruby>，<ruby>有<rt>yǒu</rt></ruby><ruby>赏<rt>shǎng</rt></ruby><ruby>于<rt>yú</rt></ruby><ruby>大<rt>dà</rt></ruby><ruby>国<rt>guó</rt></ruby>①。

《<ruby>象<rt>xiàng</rt></ruby>》<ruby>曰<rt>yuē</rt></ruby>："<ruby>贞<rt>zhēn</rt></ruby><ruby>吉<rt>jí</rt></ruby><ruby>悔<rt>huǐ</rt></ruby><ruby>亡<rt>wáng</rt></ruby>"，<ruby>志<rt>zhì</rt></ruby><ruby>行<rt>xíng</rt></ruby><ruby>也<rt>yě</rt></ruby>②。

<ruby>六<rt>liù</rt></ruby><ruby>五<rt>wǔ</rt></ruby>：<ruby>贞<rt>zhēn</rt></ruby><ruby>吉<rt>jí</rt></ruby>，<ruby>无<rt>wú</rt></ruby><ruby>悔<rt>huǐ</rt></ruby>，<ruby>君<rt>jūn</rt></ruby><ruby>子<rt>zǐ</rt></ruby><ruby>之<rt>zhī</rt></ruby><ruby>光<rt>guāng</rt></ruby>，<ruby>有<rt>yǒu</rt></ruby><ruby>孚<rt>fú</rt></ruby>，<ruby>吉<rt>jí</rt></ruby>③。

《<ruby>象<rt>xiàng</rt></ruby>》<ruby>曰<rt>yuē</rt></ruby>："<ruby>君<rt>jūn</rt></ruby><ruby>子<rt>zǐ</rt></ruby><ruby>之<rt>zhī</rt></ruby><ruby>光<rt>guāng</rt></ruby>"，<ruby>其<rt>qí</rt></ruby><ruby>晖<rt>huī</rt></ruby><ruby>吉<rt>jí</rt></ruby><ruby>也<rt>yě</rt></ruby>④。

<ruby>上<rt>shàng</rt></ruby><ruby>九<rt>jiǔ</rt></ruby>：<ruby>有<rt>yǒu</rt></ruby><ruby>孚<rt>fú</rt></ruby><ruby>于<rt>yú</rt></ruby><ruby>饮<rt>yǐn</rt></ruby><ruby>酒<rt>jiǔ</rt></ruby>，<ruby>无<rt>wú</rt></ruby><ruby>咎<rt>jiù</rt></ruby>⑤。<ruby>濡<rt>rú</rt></ruby><ruby>其<rt>qí</rt></ruby><ruby>首<rt>shǒu</rt></ruby>，<ruby>有<rt>yǒu</rt></ruby><ruby>孚<rt>fú</rt></ruby><ruby>失<rt>shī</rt></ruby><ruby>是<rt>shì</rt></ruby>⑥。

《<ruby>象<rt>xiàng</rt></ruby>》<ruby>曰<rt>yuē</rt></ruby>："<ruby>饮<rt>yǐn</rt></ruby><ruby>酒<rt>jiǔ</rt></ruby><ruby>濡<rt>rú</rt></ruby><ruby>首<rt>shǒu</rt></ruby>"，<ruby>亦<rt>yì</rt></ruby><ruby>不<rt>bù</rt></ruby><ruby>知<rt>zhī</rt></ruby><ruby>节<rt>jié</rt></ruby><ruby>也<rt>yě</rt></ruby>⑦。

注释

① 震用伐鬼方，三年，有赏于大国：用雷霆之势讨伐鬼方，三年后获得胜利，被大国封赏。震，雷霆之势。

② 志行也：志向得以实行。

③ 君子之光，有孚，吉：君子品德光辉，得到信任，吉祥。

④ 其晖吉也：君子的品德光辉吉祥。晖，即"辉"。

⑤ 有孚于饮酒，无咎：在喝酒上守信用，没有过错。

⑥ 濡其首，有孚失是：饮酒过度，虽有信用但丧失了正道。濡其首，用酒湿其头，喻饮酒过度。是，正道。

⑦ 亦不知节也：也太不知道节制了。

xì cí shàng zhuàn

系辞上传①

tiān zūn dì bēi qián kūn dìng yǐ bēi gāo yǐ chén

天尊地卑，乾坤定矣②。卑高以陈，

guì jiàn wèi yǐ dòng jìng yǒu cháng gāng róu duàn yǐ fāng

贵贱位矣③。动静有常，刚柔断矣④。方

yǐ lèi jù wù yǐ qún fēn jí xiōng shēng yǐ zài tiān

以类聚，物以群分，吉凶生矣⑤。在天

chéng xiàng zài dì chéng xíng biàn huà xiàn yǐ shì gù gāng

成象，在地成形，变化见矣⑥。是故刚

róu xiāng mó bā guà xiāng dàng gǔ zhī yǐ léi tíng rùn

柔相摩，八卦相荡⑦。鼓之以雷霆，润

zhī yǐ fēng yǔ rì yuè yùn xíng yì hán yì shǔ qián

之以风雨。日月运行，一寒一暑。乾

注释

① 系辞：相传为孔子所作，是阐释经文的专论，分为《系辞上传》《系辞下传》两篇。

② “天尊地卑”句：天高地下，乾卦和坤卦的位置就可以确定了。尊，高。卑，下。

③ “卑高以陈”句：高下排列之后，尊贵和卑下的地位就可以确立了。陈，排列。位，地位。

④ “动静有常”句：天动地静有一定的规律，阳刚和阴柔的性质就可以分明了。动静，古人认为天动地静。常，规律。断，判断，分别。

⑤ “方以类聚”句：事情以类别相聚合，事物以群体相区分，吉祥和凶险就产生了。

⑥ “在天成象”句：处于天上的成为表象，处于地上的成为形体，天地万物的变化就可以显现了。象，指日月星辰等。形，指山川动植等。见，即“现”，显现。

⑦ “是故刚柔相摩”句：因此阳刚和阴柔相互接触，八卦相互推移变化。摩，摩擦、接触。荡，推移变化。

dào chéng nán kūn dào chéng nǚ qián zhī tài shǐ kūn zuò
道成男，坤道成女。乾知大始，坤作
chéng wù qián yǐ yì zhī kūn yǐ jiǎn néng yì zé yì
成物①。乾以易知，坤以简能②。易则易
zhī jiǎn zé yì cóng yì zhī zé yǒu qīn yì cóng zé yǒu
知，简则易从。易知则有亲，易从则有
gōng yǒu qīn zé kě jiǔ yǒu gōng zé kě dà kě jiǔ zé
功。有亲则可久，有功则可大。可久则
xián rén zhī dé kě dà zé xián rén zhī yè yì jiǎn ér
贤人之德，可大则贤人之业③。易简而
tiān xià zhī lǐ dé yǐ tiān xià zhī lǐ dé ér chéng wèi hū
天下之理得矣。天下之理得，而成位乎
qí zhōng yǐ
其中矣④。

shèng rén shè guà guān xiàng xì cí yān ér míng jí xiōng
圣人设卦观象，系辞焉而明吉凶，
gāng róu xiāng tuī ér shēng biàn huà shì gù jí xiōng zhě shī
刚柔相推而生变化⑤。是故吉凶者，失
dé zhī xiàng yě huǐ lìn zhě yōu yú zhī xiàng yě biàn
得之象也。悔吝者，忧虞之象也⑥。变

注释

① “乾知大始”句：乾作为万物的开始，坤作为万物的生成。知，作为。大始，即“太始”，意为初始，创始。成物，生成万物。

② “乾以易知”句：乾以平易被人所知，坤以简略为其功能。易，平易。简，简略。

③ “可久则贤人之德”句：可以与人长久相处就是贤人的美德，可以光大功劳就是贤人的事业。

④ “天下之理得”句：懂得了天下的道理，就能在这道理中确定自己的位置了。

⑤ 设卦观象：创设卦形，观察卦象与爻象。系辞：在每卦和每爻之下系之以辞。刚柔相推：阳刚和阴柔相互推移。

⑥ 悔：悔恨。吝：遗憾。忧虞：忧虑。

huà zhě jìn tuì zhī xiàng yě gāng róu zhě zhòu yè zhī xiàng
化者，进退之象也。刚柔者，昼夜之象
yě liù yáo zhī dòng sān jí zhī dào yě shì gù jūn
也。六爻之动，三极之道也[①]。是故君
zǐ suǒ jū ér ān zhě yì zhī xiàng yě suǒ lè ér
子所居而安者，《易》之象也[②]。所乐而
wán zhě yáo zhī cí yě shì gù jūn zǐ jū zé guān qí
玩者，爻之辞也[③]。是故君子居则观其
xiàng ér wán qí cí dòng zé guān qí biàn ér wán qí zhān shì
象而玩其辞，动则观其变而玩其占，是
yǐ zì tiān yòu zhī jí wú bú lì
以自天祐之，吉无不利[④]。

tuàn zhě yán hū xiàng zhě yě yáo zhě yán hū biàn
彖者，言乎象者也；爻者，言乎变
zhě yě jí xiōng zhě yán hū qí shī dé yě huǐ lìn
者也[⑤]。吉凶者，言乎其失得也。悔吝
zhě yán hū qí xiǎo cī yě wú jiù zhě shàn bǔ guò zhě
者，言乎其小疵也。无咎者，善补过者
yě shì gù liè guì jiàn zhě cún hū wèi qí xiǎo dà zhě cún
也。是故列贵贱者存乎位，齐小大者存

注释

①“六爻之动”句：六爻的变动，包含天、地、人的道理。三极，指天、地、人。

②“是故君子所居而安者”句：因此，君子平居而观察的，是《易》的卦象。

③“所乐而玩者”句：君子喜乐而研究的，是六爻的爻辞。

④“是故君子居则观其象而玩其辞”句：因此君子平时居处时就观察卦象、研究卦辞，行动时就观察卦象变化、研究占筮，因此老天就保佑他，行动起来没有不利。

⑤“彖者”句：卦辞总说一卦的象征意义，爻辞分说各爻的变动。

乎卦[1]，辩吉凶者存乎辞，忧悔吝者存乎介，震无咎者存乎悔[2]。是故卦有小大，辞有险易[3]。辞也者，各指其所之[4]。

《易》与天地准，故能弥纶天地之道[5]。仰以观于天文，俯以察于地理，是故知幽明之故[6]。原始反终，故知死生之说[7]。精气为物，游魂为变，是故

注释

① 是故列贵贱者存乎位，齐小大者存乎卦：因此在六爻的位置排列上体现出高低贵贱，在卦体上确定是阴卦还是阳卦。列，排列。存，在。位，六爻之位。齐，确定。小，阴卦。大，阳卦。

② 辩吉凶者存乎辞，忧悔吝者存乎介，震无咎者存乎悔：在卦辞中辨别吉祥和凶险，在小事上体现忧虑、悔恨和遗憾，在悔悟中震惊就不会有过错。辩，即“辨”，分辨。介，小。震，震惊。

③“是故卦有小大”句：因此，卦有阴卦和阳卦，卦辞有凶险和吉祥。

④“辞也者”句：卦辞，各自指出趋吉避凶的去向。之，往，向。

⑤“《易》与天地准”句：《周易》与天地等同，因此能够包含天地的道理。准，等同、齐平。弥纶，包括，遍及。

⑥ 天文：天象。地理：地形。幽明：无形和有形。故：事理。

⑦“原始反终”句：对事物的开始和终了进行仔细考察，就可以知道死和生的原因。原，推究。反，探求。

zhī guǐ shén zhī qíng zhuàng yǔ tiān dì xiāng sì gù bù
知鬼神之情状①。与天地相似，故不
wéi zhī zhōu hū wàn wù ér dào jì tiān xià gù bú
违。知周乎万物，而道济天下，故不
guò páng xíng ér bù liú lè tiān zhī mìng gù bù
过②。旁行而不流，乐天知命③，故不
yōu ān tǔ dūn hū rén gù néng ài fàn wéi tiān dì
忧。安土敦乎仁，故能爱④。范围天地
zhī huà ér bú guò qū chéng wàn wù ér bù yí tōng hū zhòu
之化而不过，曲成万物而不遗，通乎昼
yè zhī dào ér zhì gù shén wú fāng ér yì wú tǐ
夜之道而知，故神无方而《易》无体⑤。
yì yīn yì yáng zhī wèi dào jì zhī zhě shàn yě
一阴一阳之谓道⑥，继之者善也，

注释

①“精气为物”句：阴阳二气凝聚成万物，阳气离散事物就发生变化，因此就可以知道鬼和神的情况。精气，阴阳二气所凝聚之气。游魂，阳气失散。

②“知周乎万物”句：《周易》的知识广泛，可以包括天下万物，《周易》的道理可以成就天下之人，因此不会有偏差。知，知识。周，普遍，周全。济，成就。过，偏差。

③旁行：广泛推行。不流：不失正道。乐天：乐于顺应自然。知命：知道命运前途。

④“安土敦乎仁”句：安于环境又有敦厚的仁义道德，因此能够爱人。安土，安于环境。敦，厚。

⑤“范围天地之化而不过”句：《周易》能够包括天地间的变化而没有偏差，可以细致地成就万物而没有遗漏，会通了阴阳变化的道理就有智慧，因此神妙没有方向，《周易》没有形体。范围，包括。过，偏差。曲，曲尽，细致。成，成就。通，会通，贯通。昼夜之道，阴阳刚柔之道。知，即“智”，智慧。神，神妙。方，方向，方位。体，形体。

⑥一阴一阳之谓道：一阴一阳矛盾对立、运动不止的规律就是道。道，阴阳运行的规律。

成之者性也[1]。仁者见之谓之仁，知者见之谓之知，百姓日用而不知，故君子之道鲜矣[2]。显诸仁[3]，藏诸用，鼓万物而不与圣人同忧[4]，盛德大业至矣哉！富有之谓大业，日新之谓盛德。生生之谓易，成象之谓乾，效法之谓坤[5]。极数知来之谓占，通变之谓事，阴阳不测之谓神[6]。

夫《易》广矣大矣，以言乎远则不御，以言乎迩则静而正，以言乎天

注释

① 继之者善也，成之者性也：继承道的是善良，成就道的是本性。
② 知：即“智”。日用：每天都在使用阴阳之道。不知：不了解。君子之道：这里指对阴阳之道的全面把握。鲜：少。
③ 显：显现。诸：“之于”的合音。
④ 鼓万物而不与圣人同忧：道鼓动万物的生长却不和圣人一起忧虑。
⑤ 生生：阴阳变化不断。易：变易。成象：成天之象。效法：仿地之法。
⑥ “极数知来之谓占”句：穷尽蓍策之数预知未来叫作占，通晓变化之理叫作事，阴阳变化莫测叫作神。

地之间则备矣[1]。夫乾，其静也专，其动也直[2]，是以大生焉。夫坤，其静也翕，其动也辟[3]，是以广生焉。广大配天地[4]，变通配四时，阴阳之义配日月，易简之善配至德。

子曰："《易》，其至矣乎[5]！夫《易》，圣人所以崇德而广业也[6]。知崇礼卑[7]，崇效天，卑法地。天地设位[8]，而《易》行乎其中矣。成性存

注释

① "夫《易》广矣大矣"句：《周易》涵盖的方面太广大了，说远就是没有止境，说近就是静止中正，说天地之间的事情则无所不有。御，止。迩，近。备，完备。

② 专：专一。直：刚直，刚健。

③ 翕：闭合。辟：开辟。

④ 配：与……相配。

⑤ 至：最。

⑥ 崇：推崇。广：推大。

⑦ 知：即"智"。崇：高。卑：下。

⑧ 设：设立，确立。

存，道义之门①。”

圣人有以见天下之赜②，而拟诸其形容，象其物宜③，是故谓之象。圣人有以见天下之动，而观其会通，以行其典礼④，系辞焉以断其吉凶，是故谓之爻。言天下之至赜而不可恶也，言天下之至动而不可乱也⑤。拟之而后言，议之而后动⑥，拟议以成其变化。

“鸣鹤在阴，其子和之。我有好爵，吾与尔靡之⑦。”子曰：“君子居其

注释

① 成性：成就美善的品性。存存：存之又存，不断蓄存。门：门户，法门。
② 圣人：指《周易》的作者。有：词头，无意。以：因为。赜：深奥，幽隐。
③ 拟：比拟。形容：事物的具体形态。物宜：事物的适宜的意义。
④ 会通：会聚融通。行：推行。典礼：典章礼仪。
⑤ 恶：厌恶。乱：紊乱。
⑥ 拟：比拟。言：言说道理。议：审议。动：运动。
⑦ 此句是中孚卦九二爻辞，详见该卦注释。阴，即“荫”。

室，出其言善，则千里之外应之，况其迩者乎？居其室，出其言不善，则千里之外违之，况其迩者乎？言出乎身，加乎民[①]。行发乎迩，见乎远。言行，君子之枢机。枢机之发，荣辱之主也[②]。言行，君子之所以动天地也[③]，可不慎乎？”

“同人先号咷而后笑[④]。”子曰：“君子之道，或出或处，或默或语。二人同心，其利断金。同心之言，其臭如兰[⑤]。”

注释

① 加：施加，影响。
② 枢机：关键。主：主宰。
③ 动：推动，影响。
④ 此句引同人卦九五爻辞，详见该卦注释。
⑤ 臭：气味。

chū liù jiè yòng bái máo wú jiù zǐ yuē
“初六：藉用白茅，无咎①。”子曰：
gǒu cuò zhū dì ér kě yǐ jiè zhī yòng máo hé jiù
“苟错诸地而可矣②，藉之用茅，何咎
zhī yǒu shèn zhī zhì yě fú máo zhī wéi wù bó ér
之有？慎之至也。夫茅之为物薄，而
yòng kě zhòng yě shèn sī shù yě yǐ wǎng qí wú suǒ shī
用可重也，慎斯术也以往，其无所失
yǐ
矣③。”

láo qiān jūn zǐ yǒu zhōng jí zǐ yuē
“劳谦，君子有终，吉④。”子曰：
láo ér bù fá yǒu gōng ér bù dé hòu zhī zhì yě
“劳而不伐，有功而不德，厚之至也⑤。
yǔ yǐ qí gōng xià rén zhě yě dé yán shèng lǐ yán
语以其功下人者也⑥。德言盛，礼言
gōng qiān yě zhě zhì gōng yǐ cún qí wèi zhě yě
恭⑦。谦也者，致恭以存其位者也⑧。”

注释

① 此句引大过卦初六爻辞，详见该卦注释。
② 苟：暂且。错：即“措”，放置。
③ “夫茅之为物薄”句：茅草作为物品是微薄的，但使用起来可以慎重对待，用这种慎重的态度前往，就不会有什么过失了。薄，微薄。
④ 此句引谦卦九三爻辞，详见该卦注释。
⑤ 伐：夸耀。德：即“得”，自以为得到。厚：敦厚。
⑥ 语：说明。下人：以谦卑的态度对待别人。
⑦ “德言盛”句：品德讲究繁盛，礼节讲究恭顺。
⑧ “谦也者”句：谦虚，就是致力于恭顺以保存其地位。

kàng lóng yǒu huǐ zǐ yuē guì ér wú wèi

"亢龙有悔①。"子曰："贵而无位，

gāo ér wú mín xián rén zài xià wèi ér wú fǔ shì yǐ dòng

高而无民，贤人在下位而无辅，是以动

ér yǒu huǐ yě

而有悔也②。"

bù chū hù tíng wú jiù zǐ yuē luàn zhī

"不出户庭，无咎③。"子曰："乱之

suǒ shēng yě zé yán yǔ yǐ wéi jiē jūn bú mì zé shī

所生也，则言语以为阶④。君不密则失

chén chén bú mì zé shī shēn jī shì bú mì zé hài chéng

臣，臣不密则失身，几事不密则害成⑤。

shì yǐ jūn zǐ shèn mì ér bù chū yě

是以君子慎密而不出也⑥。"

zǐ yuē zuò yì zhě qí zhī dào hū

子曰："作《易》者其知盗乎？

yì yuē fù qiě chéng zhì kòu zhì fù yě

《易》曰：'负且乘，致寇至⑦。'负也

zhě xiǎo rén zhī shì yě chéng yě zhě jūn zǐ zhī qì

者，小人之事也。乘也者，君子之器

注释

① 此句为乾卦上九爻辞，详见该卦注释。

② "贵而无位"句：尊贵却没有权位，高尚却没有人民，贤人处于下位不去辅助他，因此动不动就会有所悔恨。

③ 此句为节卦初九爻辞，详见该卦注释。

④ "乱之所生也"句：祸乱的产生，是以言语作为阶梯的。

⑤ 密：机密。几事：做事的开始。

⑥ 是以君子慎密而不出也：因此君子慎重保守机密而不泄露机密。

⑦ 此句引解卦六三爻辞，详见该卦注释。

yě xiǎo rén ér chéng jūn zǐ zhī qì dào sī duó zhī yǐ
也。小人而乘君子之器，盗思夺之矣。

shàng màn xià bào dào sī fá zhī yǐ màn cáng huì dào
上慢下暴，盗思伐之矣①。慢藏诲盗，

yě róng huì yín yì yuē fù qiě chéng zhì kòu
冶容诲淫②。《易》曰：‘负且乘，致寇

zhì dào zhī zhāo yě
至。’盗之招也。”

dà yǎn zhī shù wǔ shí qí yòng sì shí yòu jiǔ
大衍之数五十③，其用四十有九④。

fēn ér wéi èr yǐ xiàng liǎng guà yī yǐ xiàng sān shé
分而为二以象两⑤，挂一以象三⑥，揲

zhī yǐ sì yǐ xiàng sì shí guī jī yú lè yǐ xiàng rùn
之以四以象四时⑦，归奇于扐以象闰⑧，

wǔ suì zài rùn gù zài lè ér hòu guà tiān yī dì
五岁再闰，故再扐而后挂⑨。天一，地

注释

① “上慢下暴”句：在上位的态度轻慢，在下位的用暴力作乱，盗寇就想来攻伐了。慢，轻慢。暴，强暴。

② 慢藏：轻慢于收藏财物。诲：教，引诱。冶容：容貌妖冶。

③ 衍：即“演”，演算。数：数目。五十：当作“五十有五”，下文言“凡天地之数五十有五”可以印证。

④ 其用四十有九：占卜时从五十五根蓍草中抽出六根，以表示六爻，实际使用四十九根。有，即“又”。

⑤ 分而为二：把四十九根蓍草分为两部分。两：指天地两仪。

⑥ 挂一：从已分的两部分蓍草中抽取一根挂在左手小指之间。三：天、地、人三才。

⑦ 揲之以四：以四为单位分数蓍草。四时：春、夏、秋、冬四季。

⑧ 归奇于扐以象闰：把经过分数后剩下的蓍草夹在手指之间以象征闰月。奇，分数后剩下的蓍草。扐，夹在手指之间。闰，闰月。

⑨ 五岁：五年。再闰：两次闰月。再扐：两次把蓍草夹在手指之间，指有两个余数。后挂：重新演算。

èr tiān sān dì sì tiān wǔ dì liù tiān qī
二；天三，地四；天五，地六；天七，
dì bā tiān jiǔ dì shí tiān shù wǔ dì shù
地八；天九，地十①。天数五，地数
wǔ wǔ wèi xiāng dé ér gè yǒu hé tiān shù èr shí yòu
五，五位相得而各有合②。天数二十有
wǔ dì shù sān shí fán tiān dì zhī shù wǔ shí yòu wǔ
五，地数三十，凡天地之数五十有五③。
cǐ suǒ yǐ chéng biàn huà ér xíng guǐ shén yě qián zhī cè
此所以成变化而行鬼神也④。乾之策
èr bǎi yī shí yòu liù kūn zhī cè bǎi sì shí yòu sì
二百一十有六⑤，坤之策百四十有四⑥，
fán sān bǎi liù shí dāng jī zhī rì èr piān zhī cè
凡三百六十，当期之日⑦。二篇之策，

注释

① 天一，地二；天三，地四；天五，地六；天七，地八；天九，地十：天以奇数一、三、五、七、九为天数，地以偶数二、四、六、八、十为地数。

② 五位：指五个奇数和五个偶数。相得：相对。合：配合。

③ “天数二十有五”句：五个奇数相加的和为二十五，五个偶数相加的和为三十，两者相加为五十五。有，即“又”。

④ 成变化：生成变化。

⑤ 乾之策二百一十有六：乾卦用九，共有六爻；一爻用四根蓍草演算九次得出，共用蓍草三十六根；六爻共用蓍草就是六乘以三十六，共二百一十六根。

⑥ 坤之策百四十有四：坤卦用六，共有六爻；一爻用四根蓍草演算六次得出，共用蓍草二十四根；六爻共用蓍草就是六乘以二十四，共一百四十四根。

⑦ 凡三百六十，当期之日：共三百六十根蓍草，相当于一年三百六十日。凡，共。当，相当。期，一年。

万有一千五百二十，当万物之数也①。是故四营而成易，十有八变而成卦，八卦而小成②。引而伸之，触类而长之，天下之能事毕矣③。显道神德行，是故可与酬酢④，可与祐神矣。子曰：“知变化之道者，其知神之所为乎！”

《易》有圣人之道四焉：以言者尚其辞，以动者尚其变，以制器者尚

注释

① “二篇之策”句：二篇，指《周易》上经、下经。六十四卦每卦六爻，共三百八十四爻。阳爻和阴爻各为一百九十二。阳爻每爻用三十六根蓍草，一百九十二乘以三十六，共有六千九百一十二根蓍草；阴爻每爻用二十四根蓍草，一百九十二乘以二十四，共有四千六百零八根蓍草。两者相加，总数为一万一千五百二十，相当于万物的数目。

② “是故四营而成易”句：四营形成一变，三变得到一爻；一卦六爻，三六十八变形成一卦。八卦代表八种性质，只是小有成就，还不能反映世界的复杂性。四营，指上文所说的分二、挂一、揲四、归奇。易，变易、变化。有，即“又”。

③ 引而伸之：把八卦加以延伸扩展成六十四卦。触类而长之：接触到同类的事物再加以扩大。天下之能事毕矣：天下的事情就都在其中了。

④ 酬酢：应对。

qí xiàng yǐ bǔ shì zhě shàng qí zhān shì yǐ jūn zǐ jiāng
其象，以卜筮者尚其占[1]。是以君子将

yǒu wéi yě jiāng yǒu xíng yě wèn yān ér yǐ yán qí
有为也，将有行也，问焉而以言[2]，其

shòu mìng yě rú xiǎng wú yǒu yuǎn jìn yōu shēn suì zhī lái
受命也如响[3]，无有远近幽深，遂知来

wù fēi tiān xià zhī zhì jīng qí shú néng yù yú cǐ
物[4]。非天下之至精，其孰能与于此[5]！

sān wǔ yǐ biàn cuò zōng qí shù tōng qí biàn suì chéng
参伍以变，错综其数[6]。通其变，遂成

tiān xià zhī wén jí qí shù suì dìng tiān xià zhī xiàng
天下之文；极其数，遂定天下之象[7]。

fēi tiān xià zhī zhì biàn qí shú néng yù yú cǐ yì
非天下之至变，其孰能与于此[8]！《易》

wú sī yě wú wéi yě jì rán bú dòng gǎn ér suì tōng
无思也，无为也，寂然不动，感而遂通

注释

① “《易》有圣人之道四焉”句：《周易》有四种圣人之道：用《周易》指导言论的人崇尚卦爻辞，用《周易》指导行动的人崇尚卦爻的变化，用《周易》指导制造器物的人崇尚卦爻的象征意义，用《周易》指导卜筮的人崇尚占卜的道理。

② 问焉而以言：占问之后再发言。

③ 其受命也如响：《周易》接受占问之后就能如响应声般给予回应。

④ 无有远近幽深，遂知来物：不分遥远、附近、幽隐、深奥，所有的事物都能知道未来的命运。来物，未来的事物。

⑤ “非天下之至精”句：如果不是天下最精微的道理，谁能到达这种境界。精，精密、精微。与，及，到达。

⑥ “参伍以变”句：经过三番五次的变化，交错综合地演算蓍数。

⑦ “通其变”句：贯通卦爻的变化，就能成就天地的文采；穷极蓍数的演算，就能断定天下的物象。通，贯通。极，穷极。

⑧ “非天下之至变”句：如果不是天下最大的变化，谁能到达这种境界。

tiān xià zhī gù fēi tiān xià zhī zhì shén qí shú néng yù
天下之故①。非天下之至神，其孰能与
yú cǐ fú yì shèng rén zhī suǒ yǐ jí shēn ér yán
于此！夫《易》，圣人之所以极深而研
jī yě wéi shēn yě gù néng tōng tiān xià zhī zhì wéi
几也②。唯深也，故能通天下之志；唯
jī yě gù néng chéng tiān xià zhī wù wéi shén yě gù
几也，故能成天下之务③。唯神也，故
bù jí ér sù bù xíng ér zhì zǐ yuē yì yǒu
不疾而速，不行而至④。子曰“《易》有
shèng rén zhī dào sì yān zhě cǐ zhī wèi yě
圣人之道四焉”者，此之谓也。

zǐ yuē fú yì hé wéi zhě yě fú
子曰：“夫《易》，何为者也？夫
yì kāi wù chéng wù mào tiān xià zhī dào rú sī
《易》，开物成务，冒天下之道⑤，如斯
ér yǐ zhě yě shì gù shèng rén yǐ tōng tiān xià zhī zhì
而已者也。”是故圣人以通天下之志，

注释

① 感而遂通天下之故：受到阴阳感应之后就能通晓天下的事物。感，感应。故，事物。

② “夫《易》”句：《周易》，圣人用它来穷极深奥的道理，研究精微的事物。极深，穷极深奥的道理。研几，研究精微的事物。

③ “唯深也”句：只有穷极深奥的道理，才能贯通知晓天下人的志向；只有研究精微的事物，才能成就天下的事务。

④ “唯神也”句：只有领会神妙的道理，才能不急却快速、不行走却能到达。疾，即“急”。

⑤ 开物：开发事物。成务：成就事业。冒：覆盖、包容。

yǐ dìng tiān xià zhī yè, yǐ duàn tiān xià zhī yí. shì gù
以定天下之业，以断天下之疑。是故
shī zhī dé yuán ér shén, guà zhī dé fāng yǐ zhì, liù yáo
蓍之德圆而神，卦之德方以知，六爻
zhī yì yì yǐ gòng. shèng rén yǐ cǐ xǐ xīn, tuì cáng yú
之义易以贡①。圣人以此洗心，退藏于
mì, jí xiōng yǔ mín tóng huàn. shén yǐ zhī lái, zhì yǐ
密，吉凶与民同患②。神以知来，知以
cáng wǎng, qí shú néng yù yú cǐ zāi! gǔ zhī cōng míng ruì
藏往③，其孰能与于此哉！古之聪明睿
zhì shén wǔ ér bù shā zhě fú! shì yǐ míng yú tiān zhī dào,
知神武而不杀者夫④！是以明于天之道，
ér chá yú mín zhī gù, shì xīng shén wù yǐ qián mín yòng.
而察于民之故，是兴神物以前民用⑤。
shèng rén yǐ cǐ zhāi jiè, yǐ shén míng qí dé fú! shì gù
圣人以此齐戒，以神明其德夫⑥！是故

注释

① 蓍：蓍数。德：性质。知：即“智”。易：变易。贡：献、告。

② 洗心：清洗心灵。退藏于密：退回来之后，把占卜的结果深藏于秘密之处。与民同患：和人民同患难。

③ 神以知来，知以藏往：用神妙预知未来，用智慧记住过去。知，即“智”。

④ 不杀：不用刑罚杀人。

⑤ “是以明于天之道”句：因此明白自然的规律，考察人民的事情，兴起卜筮先行占卜以为人民所效法。兴，兴起。神物，卜筮。以前民用，在人民效法之前先卜筮。

⑥ “圣人以此齐戒”句：圣人用《周易》来加强自身修养，以此来神奇地彰显他的品德。齐，即“斋”。

阖户谓之坤，辟户谓之乾[1]。一阖一辟谓之变，往来不穷谓之通[2]。见乃谓之象，形乃谓之器[3]。制而用之谓之法，利用出入，民咸用之谓之神[4]。

是故《易》有太极[5]，是生两仪[6]，两仪生四象，四象生八卦[7]。八卦定吉凶，吉凶生大业[8]。是故法象莫大乎天地，变通莫大乎四时[9]。县象著明莫大

注释

①“是故阖户谓之坤”句：因此关门就叫作坤，开门就叫作乾。阖，闭合。户，门。辟，开。

②“一阖一辟谓之变”句：一开一合就是变化，往来反复，没有穷尽就是贯通。

③“见乃谓之象”句：能够显现的就叫作象，有具体形态的就叫作器。见，即“现”。

④“制而用之谓之法”句：制造器物并使用器物就叫作效法，在利用时或出或入有所改变，人民都来使用就叫作神奇。

⑤太极：指天地未分时的混沌状态。

⑥两仪：太极分解为阴阳二气，阳气上升为天，阴气下沉为地。

⑦四象：指少阳、老阳、少阴、老阴。

⑧“八卦定吉凶”句：八卦演化变动可以断定吉凶，趋吉避凶就可以生成伟大的事业。

⑨“是故法象莫大乎天地”句：因此可以效法的物象没有比天地更大的，变通没有比四时更大的。

hū rì yuè chóng gāo mò dà hū fù guì bèi wù zhì yòng

乎日月，崇高莫大乎富贵[①]。备物致用，

lì chéng qì yǐ wéi tiān xià lì mò dà hū shèng rén tàn

立成器以为天下利[②]，莫大乎圣人。探

zé suǒ yǐn gōu shēn zhì yuǎn yǐ dìng tiān xià zhī jí xiōng

赜索隐，钩深致远[③]，以定天下之吉凶，

chéng tiān xià zhī wěi wěi zhě mò dà hū shī guī shì

成天下之亹亹者[④]，莫大乎蓍龟。是

gù tiān shēng shén wù shèng rén zé zhī tiān dì biàn huà

故天生神物，圣人则之[⑤]。天地变化，

shèng rén xiào zhī tiān chuí xiàng xiàn jí xiōng shèng rén xiàng

圣人效之。天垂象，见吉凶，圣人象

zhī hé chū tú luò chū shū shèng rén zé zhī

之[⑥]。河出图，洛出书[⑦]，圣人则之。

注释

① 县：即“悬”。崇高：地位高。

② 备物致用：准备器物能够得到使用。立成器以为天下利：制成器物以利于天下人使用。

③ 探赜索隐，钩深致远：探索复杂隐晦的事物，钩取深奥的道理，招致远方的事物。赜，精微深奥。隐，隐晦。

④ 亹亹：勤勉的样子。

⑤ 神物：蓍龟。则：效法。

⑥ 天垂象：天垂挂着日月星辰等物象。见吉凶：体现出吉凶。见，即“现”，体现。圣人象之：圣人用卦象来模拟它。象，卦象。

⑦ 河：黄河。图：河图。洛：洛水。书：洛书。

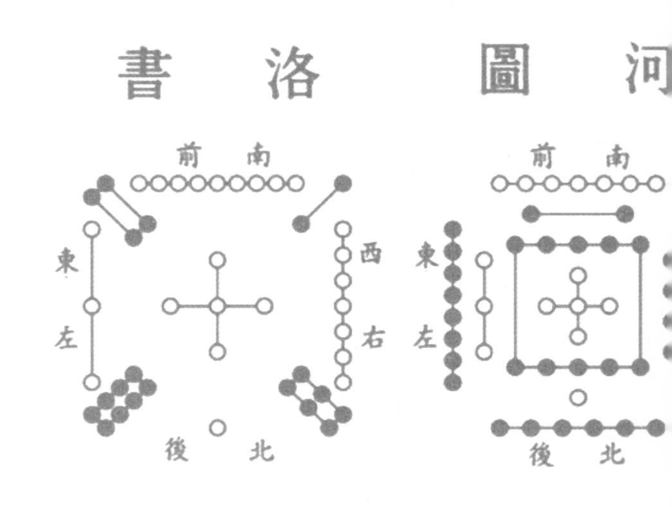

yì yǒu sì xiàng suǒ yǐ shì yě xì cí yān suǒ
《易》有四象，所以示也。系辞焉，所
yǐ gào yě dìng zhī yǐ jí xiōng suǒ yǐ duàn yě
以告也[1]。定之以吉凶，所以断也[2]。

yì yuē zì tiān yòu zhī jí wú bú lì
《易》曰："自天祐之，吉无不利[3]。"
zǐ yuē yòu zhě zhù yě tiān zhī suǒ zhù zhě shùn
子曰："祐者，助也。天之所助者，顺
yě rén zhī suǒ zhù zhě xìn yě lǚ xìn sī hū shùn
也。人之所助者，信也。履信思乎顺，
yòu yǐ shàng xián yě shì yǐ zì tiān yòu zhī jí wú
又以尚贤也[4]，是以'自天祐之，吉无
bú lì yě zǐ yuē shū bú jìn yán yán bú jìn
不利'也。"子曰："书不尽言，言不尽
yì rán zé shèng rén zhī yì qí bù kě jiàn hū
意[5]。"然则圣人之意，其不可见乎？
zǐ yuē shèng rén lì xiàng yǐ jìn yì shè guà yǐ jìn
子曰："圣人立象以尽意[6]，设卦以尽
qíng wěi xì cí yān yǐ jìn qí yán biàn ér tōng zhī yǐ
情伪[7]，系辞焉以尽其言[8]，变而通之以

注释

① "系辞焉"句：在卦下连属文辞，用来告诉人们变化的情况。
② "定之以吉凶"句：确定吉凶，是用来做判断的。
③ 此句为大有卦上九爻辞，详见该卦注释。
④ "履信思乎顺"句：履行诚信、思考顺从正道，又尊重贤人。
⑤ 书：文字。言：语言。意：思想。
⑥ 立象：设立卦象。尽意：完全表达思想。
⑦ 设卦以尽情伪：设置六十四卦来充分表达真情和虚伪。
⑧ 系辞焉以尽其言：撰写卦爻辞来充分表达其语言。

jìn lì gǔ zhī wǔ zhī yǐ jìn shén qián kūn qí
尽利[1]，鼓之舞之以尽神[2]。”乾坤，其

yì zhī yùn yé qián kūn chéng liè ér yì lì
《易》之缊邪[3]？乾坤成列，而《易》立

hū qí zhōng yǐ qián kūn huǐ zé wú yǐ xiàn yì
乎其中矣[4]。乾坤毁，则无以见《易》，

yì bù kě xiàn zé qián kūn huò jī hū xī yǐ shì
《易》不可见，则乾坤或几乎息矣[5]。是

gù xíng ér shàng zhě wèi zhī dào xíng ér xià zhě wèi zhī qì
故形而上者谓之道，形而下者谓之器[6]。

huà ér cái zhī wèi zhī biàn tuī ér xíng zhī wèi zhī tōng jǔ
化而裁之谓之变，推而行之谓之通，举

ér cuò zhī tiān xià zhī mín wèi zhī shì yè shì gù fú xiàng
而错之天下之民谓之事业[7]。是故夫象，

shèng rén yǒu yǐ jiàn tiān xià zhī zé ér nǐ zhū qí xíng róng
圣人有以见天下之赜，而拟诸其形容，

注释

① 变而通之以尽利：变通三百八十四爻以充分有利于天下万物。

② 鼓之舞之以尽神：鼓动它完全显示其神妙。

③ “乾坤”句：乾坤两卦，大概是《周易》的蕴藏根源。缊，即“蕴”，蕴藏。

④ “乾坤成列”句：乾坤两卦排成序列之后，《周易》就能确立在乾坤两卦之中了。

⑤ “乾坤毁”句：乾坤两卦被毁坏了，就无法体现《周易》的精髓，《周易》的精髓无法体现了，乾坤两卦也就接近停止了。见，即“现”。几，接近。息，停止。

⑥ 形而上者谓之道，形而下者谓之器：事物形态之上的抽象道理叫作道，事物形态之下的具体东西叫作器。形，各种事物的形态。道，抽象道理，精神。器，具体的器物。

⑦ “化而裁之谓之变”句：化育万物又能有所节制就叫作变，推广实行就叫作通，拿来交给广大人民使用就叫作事业。化，感化、化育。裁，节制。举，拿。错，即“措”，放置。

象其物宜[1]，是故谓之象。圣人有以见天下之动，而观其会通，以行其典礼[2]，系辞焉以断其吉凶，是故谓之爻。极天下之赜者存乎卦，鼓天下之动者存乎辞[3]，化而裁之存乎变，推而行之存乎通，神而明之存乎其人[4]，默而成之，不言而信，存乎德行[5]。

注释

① 形容：形象容貌。象：象征。物宜：事物适宜的意义。
② 会通：凝聚贯通。典礼：典章礼仪。
③ 极天下之赜者存乎卦，鼓天下之动者存乎辞：极尽天下事物的深奥的在于卦象，鼓舞天下的行动的在于爻辞。极，极尽。存，在于。卦，卦象。鼓，鼓动，鼓舞。辞，爻辞。
④ 化而裁之存乎变，推而行之存乎通，神而明之存乎其人：化育万物又有所节制的在于变化，推广实行的在于会通，神妙而明白运用它的在于个人。
⑤ 默而成之，不言而信，存乎德行：默默地成就事业，不用说话却能取信于人，在于品德和行动。

xì cí xià zhuàn

系辞下传

bā guà chéng liè xiàng zài qí zhōng yǐ yīn ér

八卦成列，象在其中矣[1]。因而

chóng zhī yáo zài qí zhōng yǐ gāng róu xiāng tuī biàn

重之[2]，爻在其中矣。刚柔相推[3]，变

zài qí zhōng yǐ xì cí yān ér mìng zhī dòng zài qí zhōng

在其中矣。系辞焉而命之[4]，动在其中

yǐ jí xiōng huǐ lìn zhě shēng hū dòng zhě yě gāng róu

矣。吉凶悔吝者，生乎动者也[5]。刚柔

zhě lì běn zhě yě biàn tōng zhě qū shí zhě yě

者，立本者也[6]。变通者，趣时者也[7]。

jí xiōng zhě zhēn shèng zhě yě tiān dì zhī dào zhēn guān

吉凶者，贞胜者也[8]。天地之道，贞观

zhě yě rì yuè zhī dào zhēn míng zhě yě tiān xià zhī

者也[9]。日月之道，贞明者也[10]。天下之

注释

① 成列：排列位置。象：这里指卦象及其象征意义。

② 因：根据。重之：把八卦重叠成六十四卦。

③ 刚柔：阴爻和阳爻。相推：相互作用。

④ 系辞：为卦、爻撰写文辞。命：告。

⑤“吉凶悔吝者”句：吉祥、凶险、后悔、遗憾，是从运动中产生的。

⑥“刚柔者”句：阳刚和阴柔，是确立一卦的根本。

⑦ 变通：变化融通。趣：即“趋”。时：适宜的时机。

⑧ 贞胜：守正获胜。

⑨ 贞观：守正示人。

⑩ 贞明：守正就光明。

dòng zhēn fú yī zhě yě fú qián què rán shì rén yì
动，贞夫一者也①。夫乾，确然示人易

yǐ fú kūn tuí rán shì rén jiǎn yǐ yáo yě zhě
矣②。夫坤，隤然示人简矣③。爻也者，

xiào cǐ zhě yě xiàng yě zhě xiàng cǐ zhě yě yáo
效此者也④。象也者，像此者也⑤。爻

xiàng dòng hū nèi jí xiōng xiàn hū wài gōng yè xiàn hū
象动乎内，吉凶见乎外⑥，功业见乎

biàn shèng rén zhī qíng xiàn hū cí tiān dì zhī dà dé yuē
变，圣人之情见乎辞。天地之大德曰

shēng shèng rén zhī dà bǎo yuē wèi hé yǐ shǒu wèi yuē
生，圣人之大宝曰位⑦。何以守位？曰

rén hé yǐ jù rén yuē cái lǐ cái zhèng cí jìn
仁。何以聚人？曰财。理财正辞，禁

mín wéi fēi yuē yì
民为非曰义⑧。

gǔ zhě bāo xī shì zhī wàng tiān xià yě yǎng zé guān
古者包牺氏之王天下也⑨，仰则观

xiàng yú tiān fǔ zé guān fǎ yú dì guān niǎo shòu zhī wén
象于天，俯则观法于地，观鸟兽之文，

注释

①“天下之动”句：天下的变动，要坚持守正专一的原则。
②确：刚健。易：平易。
③隤：柔顺。简：简约。
④效：仿效。此：指乾坤两卦的刚健平易、柔顺简约。
⑤像：模拟。
⑥见：即“现”，体现。
⑦德：性质，功能。生：化生。大宝：重大珍宝。位：权位。
⑧理财：管理财物。正辞：端正言辞。禁民为非：禁止人民做坏事。
⑨包牺氏：伏羲氏。

yǔ dì zhī yí jìn qǔ zhū shēn yuǎn qǔ zhū wù yú
与地之宜①，近取诸身，远取诸物，于
shì shǐ zuò bā guà yǐ tōng shén míng zhī dé yǐ lèi wàn wù
是始作八卦，以通神明之德，以类万物
zhī qíng zuò jié shéng ér wéi wǎng gǔ yǐ tián yǐ yú
之情②。作结绳而为罔罟，以佃以渔③，
gài qǔ zhū lí bāo xī shì mò shén nóng shì zuò
盖取诸《离》。包牺氏没，神农氏作④，
zhuó mù wéi sì róu mù wéi lěi lěi nòu zhī lì yǐ
斫木为耜，揉木为耒⑤，耒耨之利⑥，以
jiào tiān xià gài qǔ zhū yì rì zhōng wéi shì zhì
教天下，盖取诸《益》。日中为市，致
tiān xià zhī mín jù tiān xià zhī huò jiāo yì ér tuì gè
天下之民，聚天下之货，交易而退，各
dé qí suǒ gài qǔ zhū shì hé shén nóng shì mò
得其所⑦，盖取诸《噬嗑》。神农氏没，
huáng dì yáo shùn shì zuò tōng qí biàn shǐ mín bú
黄帝、尧、舜氏作，通其变，使民不
juàn shén ér huà zhī shǐ mín yí zhī yì qióng zé
倦，神而化之，使民宜之。《易》穷则

注释

① 与地之宜：适宜在地上生长的植物。
② 通：会通。德：性质。类：类同。情：情态。
③ 罔罟：捕猎捕鱼用的网。罔，即“网”。佃：即“畋”，田猎。
④ 神农氏：炎帝，教人农耕。作：兴起。
⑤ 斫：砍削。揉：使木弯曲。
⑥ 耨：古代锄草的农具。
⑦ 日中：中午。致：招致。各得其所：各自得到自己所需要的东西。

变，变则通[1]，通则久。是以自天祐之，吉无不利。黄帝、尧、舜，垂衣裳而天下治[2]，盖取诸《乾》《坤》。刳木为舟，剡木为楫[3]，舟楫之利，以济不通，致远以利天下，盖取诸《涣》。服牛乘马[4]，引重致远，以利天下，盖取诸《随》。重门击柝，以待暴客[5]，盖取诸《豫》。断木为杵，掘地为臼[6]，臼杵之利，万民以济，盖取诸《小过》。弦木为弧[7]，剡木为矢，弧矢之利，以威天下，盖取诸《睽》。上古穴居而野处，

注释

① 穷：事物发展到穷尽之点。通：通畅。
② 垂衣裳而天下治：裁制衣裳为服饰确立等级贵贱而天下大治。
③ 刳：剖开大木并挖空。剡：削。
④ 服牛：驾牛。
⑤ 重门：很多道门。柝：古代巡夜时敲打的木梆。暴客：强盗。
⑥ 杵、臼：舂米的工具。
⑦ 弦木：加弦于木上。弧：弓。

hòu shì shèng rén yì zhī yǐ gōng shì shàng dòng xià yǔ yǐ
后世圣人易之以宫室，上栋下宇[1]，以

dài fēng yǔ gài qǔ zhū dà zhuàng gǔ zhī zàng zhě
待风雨，盖取诸《大壮》。古之葬者，

hòu yī zhī yǐ xīn zàng zhī zhōng yě bù fēng bú shù sāng
厚衣之以薪，葬之中野，不封不树，丧

qī wú shù hòu shì shèng rén yì zhī yǐ guān guǒ gài qǔ
期无数[2]。后世圣人易之以棺椁[3]，盖取

zhū dà guò shàng gǔ jié shéng ér zhì hòu shì shèng
诸《大过》。上古结绳而治，后世圣

rén yì zhī yǐ shū qì bǎi guān yǐ zhì wàn mín yǐ chá
人易之以书契[4]，百官以治，万民以察，

gài qǔ zhū guài
盖取诸《夬》。

shì gù yì zhě xiàng yě xiàng yě zhě xiàng
是故《易》者，象也。象也者，像

yě tuàn zhě cái yě yáo yě zhě xiào tiān xià zhī
也。彖者，材也[5]。爻也者，效天下之

dòng zhě yě shì gù jí xiōng shēng ér huǐ lìn zhù yě
动者也。是故吉凶生而悔吝著也。

注释

① 宫室：房屋。栋：屋梁。宇：屋边。

② 衣：遮盖。薪：柴草。封：培土为坟。树：在坟上植树。丧期：守丧的期限。数：定数。

③ 棺椁：古代棺木，内层为棺，外层为椁。

④ 结绳：用在绳上打扣的方法记事。书契：用刀刻字。书，文字。契，刻。

⑤ 彖：彖辞。材：即“裁”，裁断。彖辞是裁断一卦的主旨的。

yáng guà duō yīn　yīn guà duō yáng　qí gù hé yě
阳卦多阴，阴卦多阳[①]，其故何也？
yáng guà jī　yīn guà ǒu　qí dé xíng hé yě　yáng yì jūn
阳卦奇，阴卦耦。其德行何也？阳一君
ér èr mín　jūn zǐ zhī dào yě　yīn èr jūn ér yì mín
而二民，君子之道也[②]。阴二君而一民，
xiǎo rén zhī dào yě
小人之道也[③]。

yì　yuē　chōng chōng wǎng lái　péng cóng ěr
《易》曰："憧憧往来，朋从尔
sī　zǐ yuē　tiān xià hé sī hé lǜ　tiān xià tóng
思[④]。"子曰："天下何思何虑？天下同
guī ér shū tú　yí zhì ér bǎi lǜ　tiān xià hé sī hé
归而殊途，一致而百虑[⑤]，天下何思何
lǜ　rì wǎng zé yuè lái　yuè wǎng zé rì lái　rì yuè
虑？日往则月来，月往则日来，日月
xiāng tuī ér míng shēng yān　hán wǎng zé shǔ lái　shǔ wǎng zé
相推而明生焉。寒往则暑来，暑往则
hán lái　hán shǔ xiāng tuī ér suì chéng yān　wǎng zhě qū yě
寒来，寒暑相推而岁成焉。往者屈也，

注释

① 阳卦多阴，阴卦多阳：八卦之中，除乾坤两卦为纯阳和纯阴之外，阳卦皆一阳二阴，阴卦皆一阴二阳。

② "阳一君而二民"句：阳爻象征君，阴爻象征民。一君二民象征一君为二民拥戴，上下同心，故为"君子之道"。

③ "阴二君而一民"句：二君一民象征二君相争，一民兼事二主，故为"小人之道"。

④ 憧憧往来，朋从尔思：此句为咸卦九四爻辞，详见该卦注释。

⑤ 同归：共同的归宿。殊途：走的道路不同。一致：目的一样。百虑：思虑多样。

lái zhě shēn yě qū shēn xiāng gǎn ér lì shēng yān chǐ huò
来者信也[1]，屈信相感而利生焉。尺蠖
zhī qū yǐ qiú shēn yě lóng shé zhī zhé yǐ cún shēn
之屈[2]，以求信也。龙蛇之蛰[3]，以存身
yě jīng yì rù shén yǐ zhì yòng yě lì yòng ān shēn
也。精义入神，以致用也[4]。利用安身，
yǐ chóng dé yě guò cǐ yǐ wǎng wèi zhī huò zhī yě
以崇德也[5]。过此以往，未之或知也[6]。
qióng shén zhī huà dé zhī shèng yě
穷神知化[7]，德之盛也。”

yì yuē kùn yú shí jù yú jí lí rù
《易》曰：“困于石，据于蒺藜，入
yú qí gōng bú jiàn qí qī xiōng zǐ yuē fēi
于其宫，不见其妻，凶[8]。”子曰：“非
suǒ kùn ér kùn yān míng bì rǔ fēi suǒ jù ér jù yān
所困而困焉，名必辱。非所据而据焉[9]，
shēn bì wēi jì rǔ qiě wēi sǐ qī jiāng zhì qī qí kě
身必危。既辱且危，死期将至，妻其可
dé jiàn yé
得见耶？”

注释

①信：即“伸”，伸展。
②尺蠖：昆虫名。
③蛰：潜藏。
④致用：达到使用的目的。
⑤利用安身，以崇德也：利用所学来使自身安好，以使道德厚重。崇，厚。
⑥过此：超过上述的道理。以往：再向前发展。未之或知：不能知道。
⑦穷神知化：穷尽事物的神妙，知道事物的变化。
⑧“困于石”句：此句是困卦六三爻辞，详见该卦注释。
⑨据：依据，依靠。

《易》曰："公用射隼于高墉之上，获之，无不利①。"子曰："隼者，禽也。弓矢者，器也。射之者，人也。君子藏器于身，待时而动，何不利之有？动而不括，是以出而有获，语成器而动者也②。"

子曰："小人不耻不仁，不畏不义，不见利不劝，不威不惩③。小惩而大诫④，此小人之福也。《易》曰：'屦校灭趾，无咎⑤。'此之谓也。

善不积不足以成名。恶不积不足以灭身。小人以小善为无益而弗为也，

注释

① "公用射隼于高墉之上"句：此句为解卦上六爻辞，详见该卦注释。
② 动而不括：行动不会闭塞。括，闭塞阻绝。成器：具备现成的器具。
③ 劝：鼓励。威：威严。惩：惩戒。
④ 小惩而大诫：受到小的惩罚而警戒犯大错。
⑤ 屦校灭趾，无咎：此句为噬嗑卦初九爻辞，详见该卦注释。

以小恶为无伤而弗去也，故恶积而不可掩，罪大而不可解。《易》曰：‘何校灭耳，凶①。’”

子曰：“危者，安其位者也。亡者，保其存者也②。乱者，有其治者也。是故君子安而不忘危，存而不忘亡，治而不忘乱，是以身安而国家可保也。《易》曰：‘其亡其亡，系于苞桑③。’”

子曰：“德薄而位尊，知小而谋大，力小而任重，鲜不及矣④。《易》曰：‘鼎折足，覆公𫗧，其形渥，凶⑤。’言不胜

注释

① 何校灭耳，凶：此句为噬嗑卦上九爻辞，详见该卦注释。何，即“荷”。
② “危者”句：危险是保全权位的，死亡是保护幸存者的。
③ 其亡其亡，系于苞桑：此句为否卦九五爻辞，详见该卦注释。
④ 知：即“智”。任：负担。鲜：很少。不及：不涉及灾祸。
⑤ “鼎折足”句：此句为鼎卦九四爻辞，详见该卦注释。

qí rèn yě
其任也。”

zǐ yuē zhī jī qí shén hū jūn zǐ shàng jiāo bù
子曰：“知几其神乎①！君子上交不

chǎn xià jiāo bù dú qí zhī jī hū jī zhě dòng zhī
谄，下交不渎②，其知几乎！几者，动之

wēi jí zhī xiān xiàn zhě yě jūn zǐ jiàn jī ér zuò
微，吉之先见者也③。君子见几而作，

bú sì zhōng rì yì yuē jiè yú shí bù zhōng
不俟终日。《易》曰：‘介于石，不终

rì zhēn jí jiè rú shí yān nìng yòng zhōng rì
日，贞吉④。’介如石焉，宁用终日？

duàn kě shí yǐ jūn zǐ zhī wēi zhī zhāng zhī róu zhī gāng
断可识矣！君子知微知彰，知柔知刚，

wàn fū zhī wàng
万夫之望⑤。”

zǐ yuē yán shì zhī zǐ qí dài shù jī hū
子曰：“颜氏之子，其殆庶几乎⑥？

yǒu bú shàn wèi cháng bù zhī zhī zhī wèi cháng fù xíng yě
有不善，未尝不知；知之未尝复行也。

注释

① 几：几微的道理。
② 上交：和地位高于自己的人交往。谄：谄媚。下交：和地位低于自己的人交往。渎：轻慢。
③ 见：即“现”，体现。
④ “介如石”句：此句为豫卦六二爻辞，详见该卦注释。
⑤ 望：希望。
⑥ 颜氏之子：颜回，孔子的学生。殆：大概。庶几：差不多，接近。

《易》曰：‘不远复，无祇悔，元吉[1]。’”

“天地絪缊，万物化醇[2]。男女构精[3]，万物化生。《易》曰：‘三人行，则损一人，一人行，则得其友[4]。’言致一也。”

子曰：“君子安其身而后动，易其心而后语，定其交而后求[5]。君子修此三者，故全也。危以动，则民不与也[6]。惧以语，则民不应也。无交而求，则民不与也。莫之与，则伤之者至矣。《易》曰：‘莫益之，或击之，立心勿恒，凶[7]。’”

注释

①“不远复”句：此句为复卦初九爻辞，详见该卦注释。

② 絪缊：阴阳二气浑然一体交相感应。化：化育。醇：厚。

③ 男女：阴阳两性。构精：交合。

④“三人行”句：此句为损卦六三爻辞，详见该卦注释。

⑤ 安其身：安定自己的身体。易其心：平易自己的心态。定其交：确定自己的朋友。

⑥ 与：赞成。

⑦“莫益之”句：此句为益卦上九爻辞，详见该卦注释。

zǐ yuē qián kūn qí yì zhī mén yé

子曰："乾坤，其《易》之门邪[①]？"

qián yáng wù yě kūn yīn wù yě yīn yáng hé dé

乾，阳物也。坤，阴物也。阴阳合德，

ér gāng róu yǒu tǐ yǐ tǐ tiān dì zhī zhuàn yǐ tōng shén

而刚柔有体。以体天地之撰[②]，以通神

míng zhī dé qí chēng míng yě zá ér bú yuè yú jī

明之德。其称名也，杂而不越[③]。于稽

qí lèi qí shuāi shì zhī yì yé fú yì zhāng

其类[④]，其衰世之意邪？夫《易》，彰

wǎng ér chá lái ér wēi xiǎn chǎn yōu kāi ér dāng míng

往而察来，而微显阐幽[⑤]，开而当名，

biàn wù zhèng yán duàn cí zé bèi yǐ qí chēng míng yě

辨物正言，断辞则备矣[⑥]。其称名也

xiǎo qí qǔ lèi yě dà qí zhǐ yuǎn qí cí wén

小，其取类也大[⑦]，其旨远，其辞文，

qí yán qū ér zhōng qí shì sì ér yǐn yīn èr yǐ jì

其言曲而中，其事肆而隐[⑧]。因贰以济

mín xíng yǐ míng shī dé zhī bào

民行，以明失得之报[⑨]。

注释

① 其：大概。门：门户。
② 体：体察。撰：天地阴阳自然的变化规律。
③ 称名：指卦爻辞所称物的名称。杂：复杂。不越：不超越卦爻辞所说的道理。
④ 于：语气词。稽：稽考。类：事类。
⑤ 微显阐幽：使细微的显露，幽暗的明白。
⑥ 当名：事物与卦名相当。辨物正言：辨别事物，正确发言。断辞：判断之辞。
⑦ 取类：取喻的事类。
⑧ 肆而隐：文辞放肆显露，义理却深奥幽隐。
⑨ 因：依据。贰：因有疑惑而去占卜。济：帮助。报：应验。

yì zhī xīng yě qí yú zhōng gǔ hū zuò
《易》之兴也，其于中古乎[1]？作

yì zhě qí yǒu yōu huàn hū shì gù lǚ
《易》者，其有忧患乎？是故《履》，

dé zhī jī yě qiān dé zhī bǐng yě fù
德之基也；《谦》，德之柄也[2]；《复》，

dé zhī běn yě héng dé zhī gù yě sǔn dé
德之本也；《恒》，德之固也；《损》，德

zhī xiū yě yì dé zhī yù yě kùn dé
之修也[3]；《益》，德之裕也[4]；《困》，德

zhī biàn yě jǐng dé zhī dì yě xùn dé
之辨也[5]；《井》，德之地也；《巽》，德

zhī zhì yě lǚ hé ér zhì qiān zūn ér
之制也。《履》，和而至[6]；《谦》，尊而

guāng fù xiǎo ér biàn yú wù héng zá ér
光[7]；《复》，小而辨于物[8]；《恒》，杂而

bú yàn sǔn xiān nán ér hòu yì yì cháng
不厌[9]；《损》，先难而后易；《益》，长

yù ér bú shè kùn qióng ér tōng jǐng jū
裕而不设[10]；《困》，穷而通；《井》，居

注释

① 兴：产生。中古：指商周时代。
② 柄：器物的把儿，根本。
③ 修：修养。
④ 裕：充裕。
⑤ 辨：分辨，辨别。
⑥ 和而至：和顺就可以到达目的地。
⑦ 尊而光：受人尊敬又能光大品德。
⑧ 小而辨于物：虽是小的征兆，却能分辨事物。
⑨ 厌：厌倦。
⑩ 设：虚设。

qí suǒ ér qiān xùn chēng ér yǐn lǚ yǐ
其所而迁①；《巽》，称而隐②。《履》以
hé xíng qiān yǐ zhì lǐ fù yǐ zì zhī
和行，《谦》以制礼，《复》以自知，
héng yǐ yī dé sǔn yǐ yuǎn hài yì yǐ
《恒》以一德，《损》以远害，《益》以
xīng lì kùn yǐ guǎ yuàn jǐng yǐ biàn yì
兴利，《困》以寡怨，《井》以辨义，
xùn yǐ xíng quán
《巽》以行权③。

yì zhī wéi shū yě bù kě yuǎn wéi dào yě lǚ
《易》之为书也不可远，为道也屡
qiān biàn dòng bù jū zhōu liú liù xū shàng xià wú cháng
迁。变动不居，周流六虚④，上下无常，
gāng róu xiāng yì bù kě wéi diǎn yào wéi biàn suǒ shì
刚柔相易⑤，不可为典要，唯变所适⑥。
qí chū rù yǐ dù wài nèi shǐ zhī jù yòu míng yú yōu
其出入以度⑦，外内使知惧，又明于忧
huàn yǔ gù wú yǒu shī bǎo rú lín fù mǔ chū shuài
患与故。无有师保⑧，如临父母。初率

注释

① 迁：施恩泽于人。
② 称：称扬。隐：隐藏。
③ 行权：顺合时宜地行使权力。
④ 居：止。周流：周遍流动。六虚：六爻。
⑤ 无常：没有恒常。易：变易。
⑥ 典要：典常纲要。适：往。
⑦ 度：法则，度数。
⑧ 师保：师长。

qí cí ér kuí qí fāng jì yǒu diǎn cháng gǒu fēi qí rén
其辞而揆其方，既有典常①。苟非其人，
dào bù xū xíng
道不虚行。

yì zhī wéi shū yě yuán shǐ yāo zhōng yǐ wéi
《易》之为书也，原始要终，以为
zhì yě liù yáo xiāng zá wéi qí shí wù yě qí
质也②。六爻相杂，唯其时物也③。其
chū nán zhī qí shàng yì zhī běn mò yě chū cí nǐ
初难知，其上易知④，本末也。初辞拟
zhī zú chéng zhī zhōng ruò fú zá wù zhuàn dé biàn shì
之，卒成之终⑤。若夫杂物撰德，辨是
yǔ fēi zé fēi qí zhōng yáo bú bèi yī yì yāo cún
与非，则非其中爻不备⑥。噫！亦要存
wáng jí xiōng zé jū kě zhī yǐ zhì zhě guān qí tuàn cí
亡吉凶，则居可知矣⑦。知者观其彖辞，
zé sī guò bàn yǐ èr yǔ sì tóng gōng ér yì wèi
则思过半矣⑧。二与四，同功而异位，

注释

① 初：学习《周易》的开始。率：遵循。辞：卦爻辞。揆：审度。方：道理。典常：常法，规律。
② 原：推究，考察。要：推究，考察。质：卦体。
③ 相杂：相互交错。时物：时宜和物象。
④ 初：初爻，为本。上：上爻，为末。
⑤ 初辞：初爻之辞。拟：拟议初爻之义。卒：最后。成之终：完成于卦的上爻。终，上爻。
⑥ 杂物：六爻相杂。撰德：撰述阴阳性质。中爻：指二、三、四、五爻。备：具备，全面。
⑦ 要：推究，考察。居：平居无事。
⑧ 知者：即“智者”。则思过半矣：就可以思考明白超过一半的卦义了。

qí shàn bù tóng èr duō yù sì duō jù jìn yě
其善不同[1]，二多誉，四多惧，近也[2]。
róu zhī wéi dào bú lì yuǎn zhě qí yào wú jiù qí
柔之为道，不利远者。其要无咎，其
yòng róu zhōng yě sān yǔ wǔ tóng gōng ér yì wèi sān
用柔中也[3]。三与五，同功而异位，三
duō xiōng wǔ duō gōng guì jiàn zhī děng yě qí róu wēi
多凶，五多功，贵贱之等也[4]。其柔危，
qí gāng shèng yé
其刚胜邪[5]！

yì zhī wéi shū yě guǎng dà xī bèi yǒu tiān
《易》之为书也，广大悉备[6]，有天
dào yān yǒu rén dào yān yǒu dì dào yān jiān sān cái ér
道焉，有人道焉，有地道焉。兼三才而
liǎng zhī gù liù liù zhě fēi tā yě sān cái zhī dào
两之[7]，故六。六者非它也，三材之道
yě dào yǒu biàn dòng gù yuē yáo yáo yǒu děng gù
也[8]。道有变动，故曰爻。爻有等，故
yuē wù wù xiāng zá gù yuē wén wén bú dàng gù
曰物[9]。物相杂，故曰文。文不当，故

注释

① 二：第二爻。四：第四爻。善：利害得失。
② 近：近于君位。
③ 要：主要，要点。柔中：柔和中正。
④ 等：等级差别。
⑤ 其：大概。柔危：阴柔就会有危险。刚胜：阳刚就能胜利。
⑥ 悉备：完全周备。
⑦ 三才：天、地、人。两之：两两相重。
⑧ 材：即“才”。
⑨ 等：上下尊卑的等次。物：物象。

吉凶生焉。

《易》之兴也，其当殷之末世，周之盛德邪①？当文王与纣之事邪②？是故其辞危。危者使平，易者使倾③。其道甚大，百物不废。惧以终始，其要无咎，此之谓《易》之道也。

夫乾，天下之至健也，德行恒易以知险④。夫坤，天下之至顺也，德行恒简以知阻⑤。能说诸心，能研诸（侯之）虑，定天下之吉凶，成天下之亹亹者⑥。是故变化云为⑦，吉事有祥，象事

注释

① 当：当时，在。殷之末世：殷商的末年。周之盛德：周初兴盛的时候。
② 文王：周文王，姬姓，名昌。纣：商纣王，商朝最后的君主，以残暴著称。
③ 平：安。易：轻慢。倾：倾覆。
④ 恒易：永恒平易。知险：知见艰险。
⑤ 恒简：恒久简易。
⑥ 说：即“悦”。侯之：此二字为衍文。亹亹：勤勉。
⑦ 云为：有为。

zhī qì zhān shì zhī lái tiān dì shè wèi shèng rén chéng
知器①，占事知来。天地设位，圣人成

néng rén móu guǐ móu bǎi xìng yù néng bā guà yǐ xiàng
能②。人谋鬼谋，百姓与能③。八卦以象

gào yáo tuàn yǐ qíng yán gāng róu zá jū ér jí xiōng kě
告，爻彖以情言。刚柔杂居，而吉凶可

xiàn yǐ biàn dòng yǐ lì yán jí xiōng yǐ qíng qiān shì
见矣④。变动以利言，吉凶以情迁。是

gù ài wù xiāng gōng ér jí xiōng shēng yuǎn jìn xiāng qǔ ér huǐ
故爱恶相攻而吉凶生，远近相取而悔

lìn shēng qíng wěi xiāng gǎn ér lì hài shēng fán yì
吝生，情伪相感而利害生⑤。凡《易》

zhī qíng jìn ér bù xiāng dé zé xiōng huò hài zhī huǐ
之情，近而不相得则凶⑥，或害之，悔

qiě lìn jiāng pàn zhě qí cí cán zhōng xīn yí zhě qí cí
且吝。将叛者其辞惭，中心疑者其辞

zhī jí rén zhī cí guǎ zào rén zhī cí duō wū shàn
枝⑦。吉人之辞寡，躁人之辞多，诬善

zhī rén qí cí yóu shī qí shǒu zhě qí cí qū
之人其辞游，失其守者其辞屈⑧。

注释

① 象事知器：观察物象，就可以知道器具的形成。
② 成能：成功。
③ 人谋鬼谋：谋于人事、谋于鬼事。与能：参与运用《周易》的功能。
④ 见：即“现”，出现。
⑤ 情伪：真伪。
⑥ 近而不相得：相近却互相排斥。
⑦ 枝：散乱，枝梧。
⑧ 游：浮游不实。屈：亏屈不伸展。

shuō guà
说卦

xī zhě shèng rén zhī zuò yì yě yōu zàn yú
昔者圣人之作《易》也，幽赞于
shén míng ér shēng shī sān tiān liǎng dì ér yǐ shù guān biàn
神明而生蓍[①]，参天两地而倚数[②]，观变
yú yīn yáng ér lì guà fā huī yú gāng róu ér shēng yáo
于阴阳而立卦，发挥于刚柔而生爻[③]，
hé shùn yú dào dé ér lǐ yú yì qióng lǐ jìn xìng yǐ zhì yú
和顺于道德而理于义，穷理尽性以至于
mìng xī zhě shèng rén zhī zuò yì yě jiāng yǐ shùn
命[④]。昔者圣人之作《易》也，将以顺
xìng mìng zhī lǐ shì yǐ lì tiān zhī dào yuē yīn yǔ yáng lì
性命之理，是以立天之道曰阴与阳，立
dì zhī dào yuē róu yǔ gāng lì rén zhī dào yuē rén yǔ yì
地之道曰柔与刚，立人之道曰仁与义。
jiān sān cái ér liǎng zhī gù yì liù huà ér chéng guà
兼三才而两之，故《易》六画而成卦[⑤]。

注释

① 幽：暗，隐，深。赞：赞助。生蓍：创立用蓍草占筮之法。
② 参：即三，奇数。两：即二，偶数。倚数：创立阴阳筮数。
③ 发挥于刚柔而生爻：推展刚柔特性而产生各个爻象。
④ 穷理：穷尽事物的道理。尽性：穷尽事物的特性。命：自然命运。
⑤ 兼：兼备。三才：天、地、人。两之：三才各占两爻，第五爻、第六爻象征天，初爻、第二爻象征地，第三、第四爻象征人。六画：六爻。

fēn yīn fēn yáng dié yòng róu gāng gù yì liù wèi ér
分阴分阳，迭用柔刚，故《易》六位而
chéng zhāng
成章①。

tiān dì dìng wèi shān zé tōng qì léi fēng xiāng bó
天地定位，山泽通气，雷风相薄，
shuǐ huǒ bù xiāng yì bā guà xiāng cuò shǔ wǎng zhě shùn
水火不相射，八卦相错②。数往者顺，
zhī lái zhě nì shì gù yì nì shǔ yě
知来者逆③，是故《易》逆数也。

léi yǐ dòng zhī fēng yǐ sàn zhī yǔ yǐ rùn zhī
雷以动之，风以散之，雨以润之，
rì yǐ xuǎn zhī gèn yǐ zhǐ zhī duì yǐ yuè zhī qián
日以烜之④，艮以止之，兑以说之，乾
yǐ jūn zhī kūn yǐ cáng zhī dì chū hū zhèn qí hū
以君之，坤以藏之⑤。帝出乎震，齐乎
xùn xiāng jiàn hū lí zhì yì hū kūn yuè yán hū duì
巽，相见乎离，致役乎坤，说言乎兑，

注释

① 分阴分阳：分阴位阳位。二、四、上为阴位，属柔；初、三、五为阳位，属刚。迭：交替。章：文采。

② 天地定位：天地确立上下位置。通气：气息相通。薄：迫，入。射：即“斁”，厌恶。错：错杂。

③ 数：推算。往者：过去的事情。顺：推论由古到今的事情。来者：未来的事情。逆：推论从现在到未来的事情。

④ 动：鼓动。散：布散。润：滋。烜：晒干。

⑤ 说：即“悦”。君：主宰。藏：包藏，包容。

zhàn hū qián láo hū kǎn chéng yán hū gèn wàn wù chū
战乎乾，劳乎坎，成言乎艮①。万物出
hū zhèn zhèn dōng fāng yě qí hū xùn xùn dōng
乎震，震，东方也②。齐乎巽，巽，东
nán yě qí yě zhě yán wàn wù zhī jié qí yě lí yě
南也，齐也者言万物之絜齐也③。离也
zhě míng yě wàn wù jiē xiāng jiàn nán fāng zhī guà yě
者，明也，万物皆相见，南方之卦也。
shèng rén nán miàn ér tīng tiān xià xiàng míng ér zhì gài qǔ
圣人南面而听天下④，向明而治，盖取
zhū cǐ yě kūn yě zhě dì yě wàn wù jiē zhì yǎng
诸此也。坤也者，地也，万物皆致养
yān gù yuē zhì yì hū kūn duì zhèng qiū yě wàn
焉⑤，故曰致役乎坤。兑，正秋也，万
wù zhī suǒ yuè yě gù yuē yuè yán hū duì zhàn
物之所说也⑥，故曰：说言乎兑。战

注释

① 帝：大自然的主宰。震卦象征东方、春分，万物由此萌生。齐：整齐。巽卦象征东南、立夏。立夏为万物生长整齐之时。相见：显现，显著。离卦象征南方、夏至。致役：从事。坤卦象征西南、立秋，立秋为万物接近成熟的季节，应努力勤奋。说：即“悦”。兑卦象征西方、秋分，秋分为丰收的季节，故喜悦。战：交接。乾卦象征西北、立冬。立冬为阴阳交接的季节。劳：倦怠。坎卦象征北方、冬至。冬至之时万物倦怠。成：成就。艮卦象征东北、立春。万物在此时完成一个生长周期，又重新萌芽。

② 震，东方也：震是东方之卦。

③ 絜齐：整洁一致。絜，即“洁”。

④ 南面：坐北面南，尊者所坐之位。听：治理。

⑤ 致养：获得滋养。

⑥ 说：即“悦”。

hū qián qián xī běi zhī guà yě yán yīn yáng xiāng bó

乎乾，乾，西北之卦也，言阴阳相薄

yě kǎn zhě shuǐ yě zhèng běi fāng zhī guà yě láo

也[1]。坎者，水也，正北方之卦也，劳

guà yě wàn wù zhī suǒ guī yě gù yuē láo hū kǎn

卦也，万物之所归也[2]，故曰劳乎坎。

gèn dōng běi zhī guà yě wàn wù zhī suǒ chéng zhōng ér suǒ

艮，东北之卦也，万物之所成终而所

chéng shǐ yě gù yuē chéng yán hū gèn shén yě zhě miào

成始也[3]，故曰成言乎艮。神也者，妙

wàn wù ér wéi yán zhě yě dòng wàn wù zhě mò jí hū léi

万物而为言者也[4]。动万物者莫疾乎雷，

náo wàn wù zhě mò jí hū fēng zào wàn wù zhě mò hàn hū

桡万物者莫疾乎风[5]，燥万物者莫熯乎

huǒ yuè wàn wù zhě mò yuè hū zé rùn wàn wù zhě mò

火[6]，说万物者莫说乎泽[7]，润万物者莫

rùn hū shuǐ zhōng wàn wù shǐ wàn wù zhě mò shèng hū gèn

润乎水，终万物始万物者莫盛乎艮。

gù shuǐ huǒ xiāng dài léi fēng bù xiāng bèi shān zé tōng qì

故水火相逮，雷风不相悖[8]，山泽通气，

注释

① 薄：交接。
② 归：归藏。
③ 万物之所成终而所成始也：万物生长终了，又是万物萌芽的开始。
④ 神：大自然的神奇造化。妙万物：奇妙地化育万物。为言者也：所说的就是。
⑤ 疾：急速。桡：即“挠”，摧折。
⑥ 熯：炎热。
⑦ 说：即“悦”。
⑧ 逮：及。悖：逆。

rán hòu néng biàn huà　jì chéng wàn wù yě
然后能变化，既成万物也。

qián　jiàn yě　kūn　shùn yě　zhèn　dòng yě
乾，健也；坤，顺也；震，动也；
xùn　rù yě　kǎn　xiàn yě　lí　lì yě　gèn
巽，入也；坎，陷也；离，丽也；艮，
zhǐ yě　duì　yuè yě
止也；兑，说也①。

qián wéi mǎ　kūn wéi niú　zhèn wéi lóng　xùn wéi jī
乾为马，坤为牛，震为龙，巽为鸡，
kǎn wéi shǐ　lí wéi zhì　gèn wéi gǒu　duì wéi yáng
坎为豕，离为雉，艮为狗，兑为羊②。

qián wéi shǒu　kūn wéi fù　zhèn wéi zú　xùn wéi gǔ
乾为首，坤为腹，震为足，巽为股，
kǎn wéi ěr　lí wéi mù　gèn wéi shǒu　duì wéi kǒu
坎为耳，离为目，艮为手，兑为口③。

注释

① “乾，健也”句：此句说明八卦的象征意义。乾卦象征天，性质为刚健；坤卦象征地，性质为柔顺；震卦象征雷，性质为震动；巽卦象征风，性质为无孔不入；坎卦象征水，性质为险陷；离卦象征火，性质为附丽；艮卦象征山，性质为静止；兑卦象征泽，性质为喜悦。说，即“悦”。

② “乾为马”句：此句说明八卦代表的动物形象。乾性刚健，马性刚健善行，故乾为马；坤性柔顺，牛性温顺，故坤为牛；震性震动活跃，龙性善于腾跃，故震为龙；巽性如风呼号，鸡性善鸣，故巽为鸡；坎性如水，豕性喜泥水，故坎为豕；离性附丽，雉有美丽的羽毛附于其身，故离为雉；艮性静止，狗性善于守门禁止外人，故艮为狗；兑性喜悦，羊性柔顺为人所喜悦，故兑为羊。

③ “乾为首”句：此句举人体的八种器官说明八卦取象之例。乾象征天，天在上，首在人体之上，故乾为首。坤象征地，地能包容，腹也能包容食物，故坤为腹。震为震动，足亦能动，故震为足。巽有巽顺之意，股顺随足，故巽为股。坎为陷阱，耳朵内陷，故坎为耳。离为火，火光明亮，目光亦明亮，故离为目。艮为山，手指如山，故艮为手。兑为泽，泽吞众流，口能吞食食物，故泽为口。

乾，天也，故称乎父；坤，地也，故称乎母。震一索而得男①，故谓之长男；巽一索而得女，故谓之长女；坎再索而得男，故谓之中男；离再索而得女，故谓之中女；艮三索而得男，故谓之少男；兑三索而得女，故谓之少女。

乾为天，为圜，为君，为父，为玉，为金，为寒，为冰，为大赤，为良马，为老马，为瘠马，为驳马，为木果②。

坤为地，为母，为布，为釜，为吝啬，为均，为子母牛，为大舆，为文，为众，为柄③，其于地也为黑。

注释

① 索：求，求合。

② 驳马：颜色斑驳的马。木果：树木的果实。

③ 釜：锅，锅能煮熟食物，地能化育万物使其成熟。吝啬：隐藏。子母牛：小牛长大生子为母，繁育众多。文：文采。柄：根本。

zhèn wéi léi wéi lóng wéi xuán huáng wéi fū wéi
震为雷，为龙，为玄黄，为旉，为

dà tú wéi zhǎng zǐ wéi jué zào wéi cāng láng zhú wéi
大涂，为长子，为决躁，为苍筤竹，为

huán wěi qí yú mǎ yě wéi shàn míng wéi zhù zú
萑苇[1]；其于马也，为善鸣，为馵足，

wéi zuò zú wéi dì sǎng qí yú jià yě wéi fǎn shēng qí
为作足，为的颡；其于稼也为反生，其

jiū wéi jiàn wéi fán xiān
究为健，为蕃鲜[2]。

注释

① 玄黄：天玄地黄，震为天地交合，故为玄黄交杂。旉：花。大涂：大路。涂，即“途”。决躁：好动。苍筤：竹色青嫩。萑苇：蒹葭。

② 馵足：马后左足长白毛。作足：双举前足。的颡：额头长白毛的马。反生：倒生。蕃鲜：茂盛新鲜。

巽为木，为风，为长女，为绳直，为工，为白，为长，为高，为进退，为不果，为臭；其于人也，为寡发，为广颡，为多白眼，为近利市三倍①，其究为躁卦。

坎为水，为沟渎，为隐伏，为矫輮，为弓轮；其于人也，为加忧，为心病，为耳痛，为血卦，为赤；其于马也，为美脊，为亟心，为下首，为薄蹄，为曳；其于舆也，为多眚，为通，为月，为盗；其于木也，为坚多心②。

注释

① 绳直：木用绳取直。不果：不果断。广颡：头额宽广。多白眼：眼睛里白色较多。近利市三倍：做生意获利近于三倍。

② 矫輮：曲直。弓轮：弯曲之物。血卦：人身有血，如地上有水。亟心：心急。下首：低头。眚：灾。通：水流畅通。盗：水潜行如盗。坚多心：外柔内刚。

离为火，为日，为电，为中女，为甲胄，为戈兵；其于人也为大腹，为乾卦，为鳖，为蟹，为蠃，为蚌，为龟；其于木也，为科上槁[1]。

艮为山，为径路，为小石，为门阙，为果蓏，为阍寺，为指，为狗，为鼠，为黔喙之属；其于木也，为坚多节[2]。

兑为泽，为少女，为巫，为口舌，为毁折，为附决；其于地也为刚卤，为妾，为羊[3]。

注释

① 大腹：如妇女怀孕，有婴儿附丽于身。乾：即“干”，干燥。鳖、蟹、蠃、蚌、龟：五种甲壳水生动物，其肉身依附在甲壳内。科：树木中空。上槁：上截枯槁。

② 径路：山中小路。阍寺：守门人。黔喙：猛禽。坚多节：树干坚硬多节。

③ 毁折：秋季果实成熟，枯干易于折断。附决：附从裁决。刚卤：坚硬的盐碱地。

序卦

有天地①，然后万物生焉。盈天地之间者，唯万物，故受之以《屯》②。屯者，盈也。屯者，物之始生也。物生必蒙，故受之以《蒙》。蒙者，蒙也，物之稚也。物稚不可不养也，故受之以《需》。需者，饮食之道也。饮食必有讼③，故受之以《讼》。讼必有众起，故受之以《师》。师者，众也。众必有所比④，故受之以《比》。比者，比也。比必有所畜，故受之以《小畜》。物畜

注释

① 天地：指六十四卦中的乾坤两卦。
② 盈：满。受之以：接着是。受，继，承继。
③ 饮食必有讼：有喝水吃饭的问题就必定有争讼。
④ 比：亲密无间。

rán hòu yǒu lǐ gù shòu zhī yǐ lǚ lǚ zhě lǐ
然后有礼，故受之以《履》。履者，礼

yě lǚ ér tài rán hòu ān gù shòu zhī yǐ tài
也。履而泰，然后安，故受之以《泰》。

tài zhě tōng yě wù bù kě yǐ zhōng tōng gù shòu zhī
泰者，通也。物不可以终通①，故受之

yǐ pǐ wù bù kě yǐ zhōng pǐ gù shòu zhī yǐ
以《否》。物不可以终否，故受之以

tóng rén yǔ rén tóng zhě wù bì guī yān gù shòu
《同人》。与人同者，物必归焉，故受

zhī yǐ dà yǒu yǒu dà zhě bù kě yǐ yíng gù shòu
之以《大有》。有大者不可以盈，故受

zhī yǐ qiān yǒu dà ér néng qiān bì yù gù shòu zhī
之以《谦》。有大而能谦必豫，故受之

yǐ yù yù bì yǒu suí gù shòu zhī yǐ suí
以《豫》。豫必有随，故受之以《随》。

yǐ xǐ suí rén zhě bì yǒu shì gù shòu zhī yǐ gǔ
以喜随人者必有事，故受之以《蛊》。

gǔ zhě shì yě yǒu shì ér hòu kě dà gù shòu zhī yǐ
蛊者，事也。有事而后可大，故受之以

lín lín zhě dà yě wù dà rán hòu kě guān
《临》。临者，大也。物大然后可观，

gù shòu zhī yǐ guān kě guān ér hòu yǒu suǒ hé gù
故受之以《观》。可观而后有所合，故

shòu zhī yǐ shì hé hé zhě hé yě wù bù kě
受之以《噬嗑》。嗑者，合也。物不可

注释

① 终：长久，永远。

以苟合而已，故受之以《贲》。贲者，饰也。致饰然后亨则尽矣[1]，故受之以《剥》。剥者，剥也。物不可以终尽剥，穷上反下[2]，故受之以《复》。复则不妄矣，故受之以《无妄》。有无妄然后可畜，故受之以《大畜》。物畜然后可养，故受之以《颐》。颐者，养也。不养则不可动，故受之以《大过》。物不可以终过，故受之以《坎》。坎者，陷也。陷必有所丽，故受之以《离》。离者，丽也。

有天地然后有万物，有万物然后有男女，有男女然后有夫妇，有夫妇然后有父子，有父子然后有君臣，有君

注释

① 致饰：文饰到了极点。

② 穷上反下：物极必反。

臣然后有上下，有上下然后礼义有所错①。夫妇之道不可以不久也，故受之以《恒》。恒者，久也。物不可以久居其所，故受之以《遁》。遁者，退也。物不可以终遁，故受之以《大壮》。物不可以终壮，故受之以《晋》。晋者，进也。进必有所伤，故受之以《明夷》②。夷者，伤也。伤于外者必反其家③，故受之以《家人》。家道穷必乖，故受之以《睽》。睽者，乖也。乖必有难，故受之以《蹇》。蹇者，难也。物不可以终难，故受之以《解》。解者，

注释

① 错：即“措”，施行。
② 夷：即“痍”。
③ 反：即“返”。

huǎn yě huǎn bì yǒu suǒ shī gù shòu zhī yǐ sǔn
缓也。缓必有所失，故受之以《损》。
sǔn ér bù yǐ bì yì gù shòu zhī yǐ yì yì
损而不已必益，故受之以《益》。益
ér bù yǐ bì jué gù shòu zhī yǐ guài guài zhě
而不已必决[1]，故受之以《夬》。夬者，
jué yě jué bì yǒu suǒ yù gù shòu zhī yǐ gòu
决也。决必有所遇，故受之以《姤》。
gòu zhě yù yě wù xiāng yù ér hòu jù gù shòu zhī
姤者，遇也。物相遇而后聚，故受之
yǐ cuì cuì zhě jù yě jù ér shàng zhě wèi
以《萃》。萃者，聚也。聚而上者谓
zhī shēng gù shòu zhī yǐ shēng shēng ér bù yǐ bì
之升，故受之以《升》。升而不已必
kùn gù shòu zhī yǐ kùn kùn hū shàng zhě bì fǎn
困，故受之以《困》。困乎上者必反
xià gù shòu zhī yǐ jǐng jǐng dào bù kě bù gé
下，故受之以《井》。井道不可不革，
gù shòu zhī yǐ gé gé wù zhě mò ruò dǐng gù shòu
故受之以《革》。革物者莫若鼎，故受
zhī yǐ dǐng zhǔ qì zhě mò ruò zhǎng zǐ gù shòu zhī
之以《鼎》。主器者莫若长子，故受之
yǐ zhèn zhèn zhě dòng yě wù bù kě yǐ zhōng
以《震》。震者，动也。物不可以终
dòng zhǐ zhī gù shòu zhī yǐ gèn gèn zhě zhǐ
动，止之，故受之以《艮》。艮者，止

注释

① 决：决断。

也。物不可以终止，故受之以《渐》。渐者，进也。进必有所归，故受之以《归妹》。得其所归者必大，故受之以《丰》。丰者，大也。穷大者必失其居，故受之以《旅》。旅而无所容，故受之以《巽》。巽者，入也。入而后说之[1]，故受之以《兑》。兑者，说也。说而后散之，故受之以《涣》。涣者，离也。物不可以终离，故受之以《节》。节而信之，故受之以《中孚》。有其信者必行之，故受之以《小过》。有过物者必济[2]，故受之以《既济》。物不可穷也，故受之以《未济》，终焉。

注释

① 说：即“悦”，喜悦。
② 过物：超越常规。济：成功。

杂　卦

《乾》刚《坤》柔，《比》乐《师》忧[1]。《临》《观》之义，或与或求[2]。《屯》见而不失其居，《蒙》杂而著[3]。《震》，起也。《艮》，止也。《损》《益》，盛衰之始也。《大畜》，时也[4]。《无妄》，灾也。《萃》聚而《升》不来也。《谦》轻而《豫》怠也[5]。《噬嗑》，食也。《贲》，无色也[6]。《兑》见而《巽》伏也。《随》，

注释

①《乾》刚：乾卦六爻由纯阳组成，故曰《乾》刚。《坤》柔：坤卦六爻由纯阴组成，故曰《坤》柔。《比》乐：《比》有亲辅之义，故乐。《师》忧：《师》主军旅，动则有险，故忧。

② 或与或求：或者施予，或者营求。

③ 见：即“现”。不失其居：不失去所居处的正位。杂：交错。著：显著。

④ 时：适时，等待时机。

⑤ 轻：轻己重人，谦虚。怠：懈怠。

⑥ 无色：即白色。

无故也[1]。《蛊》则饬也[2]。《剥》，烂也[3]。《复》，反也[4]。《晋》，昼也。《明夷》[5]，诛也。《井》通而《困》相遇也。《咸》，速也。《恒》，久也。《涣》，离也。《节》，止也。《解》，缓也。《蹇》，难也。《睽》，外也。《家人》，内也。《否》《泰》，反其类也。《大壮》则止，《遁》则退也。《大有》，众也。《同人》，亲也。《革》，去故也。《鼎》，取新也。《小过》，过也。《中孚》，信也。《丰》，多故也。亲寡，《旅》也。《离》上而《坎》下也。《小

注释

① 无故：无事。
② 饬：整治。
③ 烂：熟烂。
④ 反：即“返”。
⑤ 夷：即“痍”。

xù guǎ yě lǚ bù chǔ yě xū bú
畜》，寡也。《履》，不处也。《需》，不

jìn yě sòng bù qīn yě dà guò diān yě
进也。《讼》，不亲也。《大过》，颠也。

gòu yù yě róu yù gāng yě jiàn nǚ guī
《姤》，遇也，柔遇刚也。《渐》，女归

dài nán xíng yě yí yǎng zhèng yě jì jì
待男行也[1]。《颐》，养正也[2]。《既济》，

dìng yě guī mèi nǚ zhī zhōng yě wèi jì
定也[3]。《归妹》，女之终也。《未济》，

nán zhī qióng yě guài jué yě gāng jué róu yě
男之穷也[4]。《夬》，决也，刚决柔也。

jūn zǐ dào zhǎng xiǎo rén dào yōu yě
君子道长，小人道忧也。

注释

① 女归：女子出嫁。待男行：等待男子迎娶。
② 养正：养生之道要中正。
③ 定：事已完成。
④ 穷：事未完成。